日日尤里卡系列

科学家种太阳 著

职场30年不如一日

上海教育出版社
SHANGHAI EDUCATIONAL
PUBLISHING HOUSE

前言

尤里卡，希腊语 εὕρηκα，或者拉丁化之后的 Eureka，意思是"我发现了！"

古希腊学者阿基米德当年遇到了一个棘手的问题：如何在不破坏黄金王冠的前提下，确认王冠是否被掺假呢？最简单的方法，当然是通过测量王冠的质量和体积，计算出它的密度，并与纯金的密度进行比较。可王冠的质量容易称出，但它作为一个不规则的物体，体积要如何测算呢？

这个困惑让阿基米德急出了一身汗，他只好先去洗澡再接着想办法（这个场景是我想象的）。但确实正当他某次坐进浴盆里，当许多水同时溢出，阿基米德想到了：他进入灌满水的浴盆后所溢出来的水，其体积应该正好等于自己身体的体积，这就意味着，不规则物体的体积是可以被精确测算的。阿基米德高兴得从浴盆里跳了出来，光着身子在城里裸奔，并且一路呼喊着"尤里卡！尤里卡！"

再后来，阿基米德还进一步发现这与浮力之间的关系：想象有一个形状大小完全一样、但由水构成的阿基米德，原本静静地"漂浮"在一个装满水的浴盆里。此时这个"水人"

受到的浮力，就等于它受到的重力。这时一个活生生的阿基米德坐进了浴盆里，完完全全地把"水人"挤出了浴盆，那么活人阿基米德受到的浮力，显然就应该等于刚才"水人"阿基米德所受的浮力（也就是它的重力）。所以结论就是：一个物体在水中所受的浮力，等于它排开的水所受的重力。阿基米德将这一发现记载在《浮体论》中，为后来的流体静力学建立了理论基础。这，就是"尤里卡"的故事。

我们在职场中，也会遇到这样或那样的困惑，也希望能有那么一瞬间找到正确答案，并且高喊出"尤里卡"。但有时，锁和钥匙并不总放在一起，而是跨越了看似不同、但道理相通的场景。就好像想发现浮力的原理，与其坐在实验室里不如躺在浴缸里一样，想弄明白自己职场困惑所对应的"尤里卡"，或许你也需要跳出职场本身的小场景，看一看在其他看似不同、但道理相通的领域里，到底存在着什么样的元规律。

"头痛医头，脚痛医脚"也不是不可以，只是低效费力了一些。而"大道相通，举一反三"才是更理想的状态。这是一本关于职场答疑解惑的书，但其中的道理并不是只有职场中才用得上。一定要记得举一反三。

人生在世，不举，是不行的。

2017 年 6 月

职场30年不如一日

目录

求职坐标系

打工方程组

老板不等式

涨薪微积分

后记

求职坐标系

指引方向　划分区域

毕业找工作很迷茫，怎么办

问

"种老师，想请教一下。我大学毕业一年。因为没有规划过人生和职业，所以很不知所措。现在很迷茫，不清楚自己应该去做什么。目前觉得对这家公司或者这个行业兴趣不大。请问有没有什么建议或者指点。期待种老师的解答，谢谢。"

答

没有谁的人生是规划好的，这样也太无聊了。迷茫是好事，说明在等待突破。我准备扯两个蛋来回复你的问题：

一个是发展心理学理论。

一个是我自己下的。

认同感

这里的认同感指自我认同感，即关于"我是谁，从哪里来，到哪里去"的答案。这个答案不是生来就有的，也不是一蹴而就的，而是每个个体在成长的过程中慢慢得到的。

James Marcia 的自我认同感发展理论认为，在职业方向上的自我认同感，状态可以通过两个维度来描述：探索水平、认同水平。

探索水平　　认同水平	高	低
高	认同感获得	认同感延缓
低	认同感早闭	认同感扩散

认同感获得：充分探索，充分认同

这是最理想的状态，充分探索过一些可能的行业后，高度认同其中某一个。但事实上人的精力是有限的，看法是会变化的，这个状态也只是阶段性的，不是一劳永逸的。

认同感早闭：尚未充分探索，却已充分认同

这个听起来可能有点像绝经，是指未经过充分探索就过早认定了某一个选项，于是停止了对新事物的好奇。但

职场30年不如一日

日日尤里卡系列

很多时候，我们很难说一个没怎么充分探索过但热爱当前职业的人就是早闭，这个判断还是要靠自己来下。

认同感扩散：尚未探索，尚未认同

从未探索过，也没想过自己将来要做什么。这是所有状态中最糟糕的一个，基本上处于随波逐流、得过且过的状况。

认同感延缓：正在充分探索，尚未充分认同

还在探索，不知道自己要做什么，很迷茫。也就是你现在的状态。

我自己下的

很多人说心理学都是废话，上面描述了半天现象，然后呢？给不出解决办法。

因为个体差异太大了，就算我们知道你处在认同感延缓的阶段，也未必知道究竟应该怎么办。只有大方向上的建议，多尝试多探索，找到自己真正感兴趣的点。

可是怎么找呢？说下我自己的办法，不一定对，供你参考。

从无到有：一维兴趣"点"

也就是找出自己喜欢的。不是说最喜欢的，而是挑选出那些都比较喜欢的一类事，供下一步筛选。但一定要喜欢。工作后你每天至少有 8 个小时，也就是一天生命的 1/3 是和这件事绑在一起，去掉睡觉的 8 小时，算上加班和路上的时间，你的生命几乎有 2/3 都和工作有关。如果这件事你不喜欢，必然会非常痛苦。

点动成面：二维优势"面"

从前一选项中找自己擅长的。不是说最擅长的，而是从所有喜欢的事里，把不擅长的去掉，剩下擅长的。很多事谁都喜欢，但不是谁都能做好。比如我一直想成为虎躯童颜的哪吒，可是自己脸长得太老，后天也无法弥补，只好放弃。

很多鸡汤让你拼命去做自己喜欢的事，其实是在浪费你自己的时间。不过浪费也无所谓，所有杀不死你的苦难都会让你更强大。但是，所有杀不死你的苦难也会让你更衰老，人生苦短，自己权衡即可。

面动成体：三维金字"塔"

从前面剩下的选项里，找钱多的。我们都说，追求梦想，可以不计较得失。可是康师傅泡面不会因为你有梦

职场尤里卡

职场30年不如一日

想，里面的牛肉就多一些，人总是要生活的。

强调梦想的意义在于，让你不要忘了为什么而出发，不要在追逐梦想的路上因为金钱而迷失了方向。可是我们经过前两轮的筛选之后，剩下的所有事情都是你真正喜欢并且真正擅长的，如果同时钱又多，何乐而不为呢？

然而，现实总是残酷的。有时你发现自己根本没有喜欢的事，不知道自己喜欢什么，或者喜欢的事都不擅长，又或者擅长的事根本不值钱。怎么办？

这个时候，其实你可以反过来。反正如果当喜欢的、擅长的、钱多的这三个条件一筛选，发现是个空集，那你还怕什么？直接去找钱多的就好了，什么钱多就做什么，从钱多的事里找自己不算笨的，从不算笨的事里找自己不讨厌的，一样的效果。慢慢地，可能你就知道自己擅长什么，甚至喜欢什么了。那时候，你再重新选择。反正活着就是无限的选择，总会有一条路走得通。

可万一所有路都走不通怎么办？

死路一条也是路啊，怕什么。

迷茫是好事，说明还有机会迷茫。

迷茫说明年轻，而年轻就是财富。

如何找到适合自己的职业方向？从无到有地发现自己的一维兴趣"点"，点动成面地构造自己的二维优势"面"，面动成体地搭建自己的三维金字"塔"。简单来说，先找自己喜欢做的，从中筛选出自己擅长做的，再从中筛选出能够赚钱的。

职场30年不如一日

选择行业时，如何避免走错路

问

"日日你好，对普通人来说，改善生活质量，打好经济的基石，很大程度上依靠于他选择的行业。所以，选择行业的能力也显得十分重要。但工作几年后发现，只有进入那个行业，才能看清行业现状。请问你对培养这种选择行业的能力有什么方法和建议？如何最大程度地避免走错路？"

答

这个问题的答案其实一目了然。而我选择回答，是因为两个原因：

一是我想到了一个非常有趣的我年轻时经历过的故事；

二是你问的这种选择行业的能力的背后，其实是认识世界的元规律。

我读研究生，要写毕业论文的时候，当时几个同学在一起讨论，试图寻找在经济决策方向、互联网领域有什么心理学相关的有趣课题。其中一个网购成瘾的女同学正好在旁边吐槽："现在的电商网站啊，这么多好评都说质量没问题，买回来为什么质量明明就有问题？肯定是水军刷评论，坑爹啊。"大家突然灵光乍现，那就研究这个吧！

如何基于语义认知分析，判别电商网购评论的可信度

可惜，这个课题后来因为大家都特别懒，没做。但想来应该是一个很有价值的科研项目，如果有谁做了，麻烦赐教，不胜感激。

为什么说这个故事呢，你可能已经反应过来了：上淘宝买个几十块钱的衣服都要看半天评论星级、店铺等级，选行业这种更加重要的事情，不应该更提前多了解这个行业的"星级"吗？

这就是元规律所在了。

写毕业论文的时候，为什么没做前面那个课题，是因为查不到历史文献。那个时候互联网才刚出来（暴露年龄了），怎么可能有历史文献呀。没有历史文献，我们就没法知道这个领域的水有多深，也就没法知道这样的课题将来发表的可能性有多大，也就没法在临近毕业的时候拿着

职场尤里卡

职场30年不如一日

自己的学历学位证书开玩笑撞大运。所以为了安全毕业，选择了有更多历史文献的、相对成熟的、容易发表文章的领域。

这个故事告诉我们两点：

一是为什么学界研究经常滞后于现实实践，因为前者关心的收益，是发表文章和获取学位，后者关心的是在市场上直接赚钱。前者关心的是理论和模型，后者关心的是钱。人类在发现元素周期表之前好几千年，就已经会冶炼青铜器了，因为青铜器值钱。好吧，其实青铜器当时不是为了卖钱，而是代表了巨大的权力，可是权力的背后，不仍然体现了人类社会里的利益分配格局么。

二是写毕业论文这种人生大事，其实在做决策的时候，逻辑和逛淘宝是一样的。上淘宝买东西需要提前了解历史信息，写毕业论文做实验也要提前了解历史信息。同样地，你选择进入哪个行业，也要提前了解历史信息。

科学研究是什么套路

先观察，哦，是这个样子呀。

然后总结出可能的规律，提出一些假设。

可是这假设对不对呢，需要设计实验去检验。

如果是对的，就有了规律；不对，就修正假设。最后都有一个结论。

基于这个结论，再放到现实中去实践。

实践完之后，进行新一轮的观察，进入下一个循环。

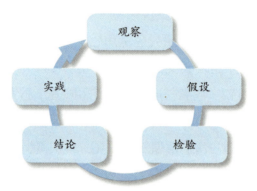

选择行业，其实没区别：

先观察，哦，这个行业钱多啊。

然后总结出可能的规律，提出一些假设，例如进入这个行业，能发财。

可是这假设对不对呢，设计实验去检验，看看和我差不多的前辈发财没。

如果发财了，就是一个正向支持；如果没发财，说明这个假设够呛。但不论如何，最后都会有一个结论。

基于结论呢，再进一步收集信息进行实践，看看是不是时代不同了，是不是教育背景不同了，是不是公司不同了，总之有很多不同的变量可能导致差异，所以你要再多了解一些。

实践完之后，进行新一轮观察，在收集到了更多信息之后，再看看这个行业在你心目中有了什么变化。

一点小结

你说，"工作几年后，发现只有进入那个行业，才能看清行业现状"。这话在某种程度上当然是对的，毕竟"纸上得来终觉浅，绝知此事要躬行"。可是成本和收益需要成正比。付出越多，有时并不能收获越多。或者反过来，有时我们想要有一些收获，其实可以通过付出非常少的成本就行。

人类区别于其他动物的一个重要能力，就是观察学习，这是社会心理学家班杜拉提出来的一个概念。很多时候，你要精通一件事，你肯定得亲自做。但你在大方向上进行选择时，没必要先精通吧？大概了解个差不多就可以了。而要了解得差不多，并不需要亲自做，只要多找一些亲自做过的人，从不同角度收集信息，就可以了。

古典经济学亚当·斯密认为，人是完全理性的，在面对一个问题的无限可能中，总要找出那个最优解。

但其实，这在现实生活中是不可能的，人就累死了。心理学家西蒙提出，人其实是有限理性的，找到可接受的解就够了，不用最优。这就是人类在面对无限信息时的一个权衡，非常现实，但非常有效。

　　通过自己投入少量精力进行快速尝试，基于别人的历史经验进行快速总结，先行了解备选项可能的成本和收益，然后再决定要朝哪个方向走，这就是所谓的"小步快跑"的互联网思维。可是上面描述的科研过程不也一样吗？上网购物不也一样吗？其中在职场里，跳槽换行又何尝不是完全一样呢？

　　这，就是元规律。

　　不要抱着不切实际的"完美情结"，总想要把所有事情都弄明白了再动手。先小成本地尝试自己认为可能正确的方向，然后根据反馈快速调整，这样效率才会更高。这不是什么"互联网思维"，这是解决任何问题时都可以套用的元规律。

女生成绩比男生好，就该比男生好找工作吗

今天在网上看到一篇文章，说统计数据显示：学习成绩好的女生，反而比成绩差的男生还要难找工作。文章下面的评论区里，有很多人持这样一种观点：既然学习成绩好的人应该更好找工作，但平均成绩更好的女生在现实中却更难找工作，说明在求职过程中性别歧视非常严重。这个"三段论"的逻辑是非常正确的，但其中的前提是否真的成立呢？"成绩好，就应该更好找工作"，真的是这样么？

成绩好，就该更好找工作吗

我们先不考虑找工作，先只考虑学习成绩。如果有一个学生，数学成绩很好，那我们能不能判断这位同学的语文成绩也一定很好呢？显然不能，因为数学成绩和语文成绩之间，没有什么必然联系。好，既然连数学成绩都不能用来预测语文成绩，那怎么能指望用学习成绩来预测职场成绩呢？求学，主要面对的是知识，再复杂，也是相对可

控、客观存在、静止的事物。而求职，不仅要处理事务，更涉及极为复杂、相对不可控、主观变化的活人。霍金不都开玩笑说嘛，"相比于整个宇宙，女人的内心世界才是更大的谜。"马云能把阿里巴巴做到今天这么大，靠的也不是他当年的学分绩点和奖学金吧？

再回到前面的问题：女生成绩比男生好，就该比男生好找工作么？其实只要把"性别"去掉，答案是一目了然的：学习成绩好，就该好找工作么？当然不是。同样有很多成绩好的人，由于缺乏职业能力而找不到合适的工作，但我们却没有提出"成绩歧视"的概念。为什么明明是同样的逻辑错误，到了拿"性别"说事的时候，就得到了很多人的认同？因为很多人在思考问题时，把性别意识放在了自我意识之前。说白了，很多人活在集体名词里。性别意识，应该是帮助我们更完整更理性地接纳自己，而不是用来站队和宣泄情绪的。

性别歧视，到底在歧视什么

但不论如何，在现实中职场性别歧视确实存在，企业到底为什么要歧视女性员工呢？

在劳资双方的自由市场上，人就是劳动工具，而公司的目的就是赚钱。面对一男一女两台劳动机器，假设他们

职场30年不如一日

日日尤里卡系列

正常工作时都能提供同等价值的劳动力，那么资本必然会优先选择男性机器。为什么？因为女性劳动工具的生育属性，对公司而言，不仅没有任何价值，反而是巨大的风险。有子宫，就有可能怀孕，你说你暂时不生，一辈子丁克，没用。猜疑链不可破，别人不会信，何况还可能意外怀孕。而且现在二胎也放开了，你就算已经生过一个了，也会被重新拉回到猜疑链中来。社会越发展，福利就越人性化，产假就会越长，对女性反而越不利。

最低工资标准的出台，只会让那些愿意用更低工资来出卖自己劳动力换口饭吃的穷人彻底失业，因为公司不愿意承担违反最低工资法的风险。结果本来是为了保护穷人的法律，反而进一步恶化了穷人的生存环境。同样地，不论是提高产假待遇，还是开放二胎政策，甚至是某些猪队友呼吁每个月必须要放的"经期假"，都会在当前情况下不断地恶化女性的求职环境。

到底是谁在鼓励歧视

上面说了半天，并不是为了给资本家开脱。人类确实是一种"屁股决定脑袋"的生物，所以我们要想解决问题，首先要理解问题。想要讨伐资本家，必须站在对方的角度去换位思考。要 explanation（解释），而不是

justification（狡辩）。

　　资本家在购买劳动工具时，考虑的其实就是风险和收益。所谓的社会责任，不过是资本逐利的公式中，对企业的盈利水平有或轻或重影响程度的一个变量而已。回到根本的问题上，企业之所以不愿意为女性的生育成本买单，是因为无利可图。如果企业通过承担这一社会责任，并且能因此而获利，那么它就有动力这样去做。

　　可问题在于，中国大陆现在的环境下，企业在任何一个市场上，都无法通过承担员工的生育成本而获利：

　　在商品市场上，消费者目前连知识产权都不尊重，怎么可能会因为你们公司更照顾孕妇、更有社会责任感，就为你们生产的商品买单呢？

　　在劳动力市场上，面对某些故意一入职就怀孕休假坑公司的"产假骗子"，被坑怕了的公司只好尽量少招或干脆不招育龄女性员工。而且一个员工休了产假、公司必须招新人来干旧活，等到员工休完产假回来了，职位还能确保不变么？

　　在资本市场上，政府拿着据说是"取之于民，用之于民"的税收，本应向孕妇所在的公司提供足额的生育津贴，可事实上呢？目前生育津贴额度那么低，事实上是限制企业给女性员工太高的薪资水平。这相当于是鼓励"同工不同酬"，或者变相限制了职场女性的发展。如果总是指望逐

职场30年不如一日

利的资本突然间变得高尚起来，只会让整个画面特别魔幻。

为什么你们都不愿意招女生

这些大道理听着特别虚，给你讲一个我生活中真实的小故事。小故事里有 4 个人：我、某 CEO 男 A、某总监男 B、某总监女 C。起因是 A 团队缺个靠谱的人，我给推荐了一个合作过的姑娘。A 面试过后，很满意，但也很担心，于是有了下面的对话。

A："这姑娘，你熟吗？"

我："还行吧，怎么了？"

A："她近期会不会突然跑去生孩子？我是急着用人，别培养了 3 个月，又晾我大半年。产假工资是小事，项目可能就黄了。"

我："不至于，她在事业上升期，愿意拼，能坚持。"

A："你再帮我确认一下，我问不合适，人家个人隐私。我觉得她特别合适，要是近几年不准备生孩子，马上就可以来上班。"

这时，B 突然插嘴了："我说你管她生不生，永远不要招女的。"

我："你这说法太性别歧视了。"

B："都是自己人，给你们讲个真事。"

B："我团队前段时间缺人，也是找朋友帮推荐，是个很合适的姑娘，说近期肯定不会生孩子。朋友拍着胸口说没问题，我就拍着胸口跟老板说了，毕竟是自己人推荐的，我把工资待遇都争取到最高。人进来了，确实靠谱，能力强、好沟通，我还感谢我那朋友。没两个礼拜，姑娘意外怀孕了，年龄也不算小了，一合计，生出来比较好，现在休产假去了。我也结婚了，完全能理解，换了我老婆，我也觉得该生，可公司不这么想。

"老板把我一顿骂，说股票年终奖发着、工资倒挂着、headcount占着，没人干活。姑娘休息了，事情就得团队的其他人加班做，她的工资占了部门预算，加班补贴都少了，手下人嘴上不说心里肯定有意见。上下里外夹心气，我就跟朋友抱怨，结果吵起来，朋友都跟我翻脸了。我说你当时怎么跟我保证的，说怀孕就怀孕。朋友说老子怎么给你保证别人家媳妇儿不意外怀孕？你们别笑，当时狠话说完我俩真笑不出来。后来请朋友吃了顿饭关系才算缓下来。

"你们说，我做错什么了？对兄弟，没毛病。对这姑娘，当自己人。对公司，全心全意。我招谁惹谁了。谁也别跟我提性别歧视。反正从此团队里，一个女的也不招，有本事告我去。人都是好人，事儿全是破事儿。我不关心那些政治正确，我就图个清静。都是打工的，我犯不上歧视谁。"

B愤恨了半天，大家全沉默了。

职场 尤里卡
职场30年不如一日

现场唯一的女性 C 突然开口了："和你们聊天时总觉得我是个女的，可别忘了我也要管团队。说实话，我觉得自己带团队之前，总觉得是你们男人歧视我们女人，可自己带了团队，在其位谋其政了，才知道女员工真的是更大的不安定因素。

"我团队里有个姑娘，北大本科清华硕士，真的特别优秀。性格很好，擅长沟通，各种会议上和各种人交流都没问题。带团队嘛，总不能事无巨细，很多执行上的东西，就需要一个信得过的人帮忙。正好公司快速扩张，部门要变事业部，高管们私下里希望我能做事业部经理。所以我就开始准备培养接班人，希望从现在的团队里提一个人起来坐我现在的位置。也可能我有私心吧，都是女人，但我觉得这姑娘真的是能力足够。培养了三四个月，尽心尽力，什么场合都带着，帮她撑场面，就怕她以后和我当初一样，因为性别不被人重视。后来这姑娘突然跟我提离职。

我当时都慌了，以为她遇上了什么不好的事。结果一问，要移民。老公工作调动去欧洲，她准备跟着过去做全职太太。这是每个人自己的选择，要尊重，可我真的心寒了。倒也不是怪谁，只能怪我自己管理团队不力，没给自己留后路。我是真的不理解，一个这么优秀的姑娘，甘心做什么全职太太。我本以为，她跟团队里那些成天就知道看剧买鞋的小女生不一样，以为她有事业心，到头来还是一样。追求安定没有错，换我自己可能也跟着老公移民了，错只错在我自己选错了人。虽然我自己也是女人，但我也不会再培养女员工做接班人了，社会大环境如此，我自己一个人心太累了。"

C说完后，是更加长久的沉默。

A终于打破了沉默，问我："所以你推荐的那个姑娘，到底生不生孩子？"

我："保证不生，我用人格保证。"

A："为什么？"

我："因为她是同性恋。"

一点小结

1. 学习成绩好，不代表对公司价值高，这两者没有必然联系。从优秀学生到优秀员工，身份的转变是巨大的。

2. 性别只是你的属性，并不能定义你是谁。女权的本质就是人权，而女权主义的本质就是性别平权主义，最后的受益者将是所有人。

3. 企业对女员工的性别歧视，核心原因是企业并不会因为负担员工的生育成本而获利，可政府却又没有提供足够的生育津贴。

职场 尤里卡

职场30年不如一日

Eureka

每一个接纳自我性别，却又不站在性别标签里思考问题的独立个体，或者推而广之，每一个接纳自我身上的集体标签，却又不站在集体标签里思考问题的独立个体，都将在人类文明不可阻挡的前进洪流之中，或主动或被动地贡献出自己的原力。但首先，你要能看清自己。不是为了性别标签，也不是为了任何集体名词，而首先是为了自己活着。

想创业？我建议你……闭嘴

　　心理学有个现象叫"孕妇效应"，就是说当一个人怀孕了之后，她会惊奇地发现原来日常生活中到处都是孕妇，只不过自己之前没发现。这是真的。因为在我自己辞职开始创业之后，我发现身边到处都是创业狗。然后创业狗们动不动就会刷屏，大意就是告诉大家，没事别想不开去创业公司。哼，我知道你们都是正话反说，其实是想发给那些意志不坚定、可能临阵脱逃的潜在应聘者看，让他们知难而退，不要来你们创业公司浪费时间。但为了防止得罪创业狗同胞，我只好再悄悄强调一次，这篇文章，是我吐槽自己的。

　　我在中国大陆网络畅销文学作品圈子里潜水数十载，总结出了当今社会经久不衰的两大魔幻现实主义题材：互联网过热和房地产泡沫。互联网从 20 世纪 90 年代就被认为过热了。是有人在种太阳嘛，为什么越来越热？房地产泡沫吹了这么些年，还没吹破。房价从单纯地何时下跌变成上涨速度何时下跌，从一阶导数求成了二阶。所以我现在就有点像巴甫洛夫的狗一样形成了奇怪的条件反射，

日日尤里卡系列

一听到有人说"互联网过热"之类的话，心里就默默在想，"愚蠢！"

有朋友听说我创业了，跟我说现在创业风险很大，别想不开去创业。我说为什么呀？朋友说，"创业又苦又累，钱还少，图什么呢？"我昨天刚好没事去海里游了个泳。说实话，海水真咸。你换气的时候，一张嘴感觉像吃咸菜没吃菜光吃了盐。但这时候要是有人跟我说，因为海水太咸了，所以别想不开去海里游泳，我肯定瞪大眼反问他，"Excuse me？我就是专门来感受海水的啊，不咸算什么海水？"上大学的时候，学校里有家卖酸辣粉的生意特别好，有次一个姑娘跟老板说，"一碗酸辣粉，不要酸不要辣"，老板瞪大眼说，"那你还吃啥？"然后回头冲厨师喊了一句，"来一碗粉，只要粉！"受此启发我还编了一个无聊的段子：最管饱又低热量的饮食，就是把麻辣烫不加麻不加辣放不烫了吃，因为语义上来说你等于什么都没吃。

回到重点。创业又苦又累，所以呢？万一人家就是想"体验生活"呢？而且创业真的又苦又累吗？说实话，我不觉得。我觉得苦有两种，一种是辛苦，另一种是心苦。

"辛苦"，可能是身体的疲惫、大脑的劳累，它是一种客观状态的描述；

"心苦"，则是内心的不情愿、外在的被迫，它是一种主观心境的感受。

如果你乐在其中，再辛苦也不会觉得心苦的。而如果做人像咸鱼一样，那再轻松也会觉得心苦。况且，创业完全可以根本不苦。之所以说"成功学的本质是忽悠"，是因为它永远只呈现两种极端情况下的典型场景：要么，一个人，突然成功了，有多么多么成功，给你灌迷魂汤；要么，一个人，成功前，非常苦非常苦，差点死了，给你灌鸡汤。可什么是创业成功呢？上市？被收购？创业公司从诞生到最终成功，要经过四五轮甚至更多次筛选，每次的失败率都在 99.9% 以上。所以，如果你是奔着成功去的，那你只能无比地苦，而且即使这样，也基本上不会成功。可这是唯一的成功么？工作的目的到底是什么？

曾经有人问我，要不要考虑写本书？我说还是算了吧，这世界上不缺我这一本书，而且一本书写出来也就能赚个几万块钱，不值得。对方叹了口气，"照你这么说，生活岂不是就像会计记账明细一样，只剩下了一收一支？"

当年看阿西莫夫的《基地》系列，故事中虚构了一颗"盖娅"星球。她与人类这种孤立体不同，这颗星球上的所有人、所有动物、所有花草树木，甚至是没有生命的砖石瓦砾，它们的感觉都能互相联通。如果我们生活在盖娅上，并且属于她的一部分，那么我昨天去海里游泳时，你就能同时知道海水是多么咸。但我们不是盖娅，我们是孤立的。

文字是现实编造出的最大谎言，它让你误以为自己已

经了解了这个世界。其实不然。你知道火烫伤了会疼，但你不知道到底有多疼，直到你被烫伤一次。有句老话说得好，"吃亏要趁早"。趁自己还年轻，禁得住现实揉搓的时候，走出去试试，万一失败了再回来呗。人总是要死的，但畏畏缩缩地为死而生，和大大咧咧地向死而生，是不太一样的。就算你没想清楚就火急火燎地加入了创业团队，结果没几天就后悔退出了，又怎么样呢？你还年轻，输得起啊，至少你亲身学会了一点，"没事别想不开去创业公司啊，要为自己的选择负责啊"。这比别人跟你说一万次"没事别想不开去创业公司"都管用。

至于对创业团队的负责人来说，你是不是浪费了他们的时间呢？说实话：第一，关你屁事啊，不用想那么多。第二，你是在用自己的时间给他们上课呀，告诉他们选人要慎重，不然容易创业失败，多好。告诉他们，不用谢。

说了这么多，所以我对于是否要加入创业团队是什么看法呢？

年轻人，注意听，敲黑板了。

年轻人是否要加入创业团队呢？作为一个前辈，我的建议是：

……

……

……

"闭嘴吧！还前辈！问你了吗？！"

这是我希望你看到这里时，内心自动发出的无法抑制的呐喊。

在事实判断层面，我只输出逻辑。

在价值判断层面，我只建议自己决定。

我从来不会主动给别人建议，唯——条建议如下：

"不要盲目地相信任何事实结论，相信逻辑。

不要盲目地相信任何价值建议，相信自己。"

把一份麻辣烫，不加麻、不加辣、放到不烫了再吃，你就相当于什么都没吃。这是不是真的呢？只有你自己尝试过了才知道。正因为生命的意义在于体验，所以创业到底是疲惫但开心的辛苦，还是被迫且挣扎的心苦，也需要你自己体验过后，才能知道。

打工方程组

合作配合　权衡利弊

天天加班活还是干不完，
要崩溃了怎么办

问

"日日你好，我现在在一家 ×× 公司上班，身心俱疲，想辞职了。

我所在的部门，人手严重不足，但业务又是全市第一，所以每个人都在超负荷工作。面对这样的工作强度，有点力不从心了。每天都有做不完的事，中午几乎都没时间好好吃饭，更不要说午休，晚上经常加班到深夜，连做梦都是在加班。我想辞职可是又不敢，觉得自己学历能力都一般，能找到这样的工作已经很不容易了。而且领导人很好，对我也很照顾，他也经常陪我们一起加班，因为事情确实非常多。我不知道怎么和他讲。可再这样坚持下去，我整个人快要崩溃了。

实在是不想过这种担惊受怕被各种事情催的日子了。我该怎么办？"

答

整件事快速拆解一下，一共是两个部分：

1. 你的工作，事情太多根本做不完。

2. 你的领导，你担心辜负他的期望。

接下来我们一部分一部分说。

先跟着我念三遍：

工作是永远做不完的。

工作是永远做不完的。

工作是永远做不完的。

我参加工作也有几年时间了，不论是最初实习，还是刚入职做新人，还是到后来年薪七位数，对于工作的感受都是："等到忙完了这一段，我就可以开始忙下一段了。"

现在我失业在家，必须靠自己谋生。但我发现没有了工作之后，整个生活都变成了工作。再也没有一段一段地忙了，而是连续不断地永远在忙。

归根结底的原因是："熵"是度量一个系统内部混乱度的指标，这个宇宙是永远熵增的，而人类，是在对抗熵增。不管是工作还是生活还是其他什么，只要你不去管它，它的混乱度就会越来越高。你要想把这个事情弄得有序、整得清楚，就要持续不断地付出努力。

明白了工作的这个特性之后，我们再来看实际情况。

职场30年不如一日

还是那个我一再提过的"归因"的思路：

- 同一个人在不同环境里，结果一样，说明是人的因素为主。
- 不同的人在同一个环境里，结果一样，说明是环境因素为主。

是不是你自己能力不足导致工作总也完成不了，这个我们不知道。但我们知道的是，你们部门的所有人都因为人手不足而被迫一起加班，甚至连领导都必须要和你们一起加班，并且尽管如此工作仍然完成不了。

所以原因其实一目了然，就是环境的问题。本来每天新增的工作量可能是 1，所以需要每天都有能提供工作量为 1 的人来天天努力工作。结果你们每天的工作量是 1.2，人工却是 0.8，每天都有缺口，这个缺口要么你们只能持续加班来弥补，要么就会越来越大直至不可收拾。

实际上，你们部门的所有人，都在一起完成一项不可能的任务，Mission Impossible。鉴于你们不是在拍《碟中谍》，你也不是阿汤哥，所以你需要特别明白两点：

1. 工作太多人手不足，这件事不是你能控制的，因此工作完成不了也完全不是你的错。来一起念三遍：

这不是我的错。

这不是我的错。

这不是我的错。

这个手法出自电影《心灵捕手》，在自我成长时真的是百试不爽。只有你能够坦然接受自己，也接受这一事实，才谈得上后面的东西。

2. 正因为工作完成不了不是你导致的，所以你要真的想对工作认真负责，就更应该保持淡定。

为什么明明工作多到加班到深夜都做不完，还要"强装"淡定？原因如下：

首先，不淡定有用么？没用。

你现在已经很不淡定了，焦虑得要死，结果呢？问题解决了么？并没有。既然影响了自己的情绪甚至身体之后，情况完全没有得到好转，那干嘛不至少保持一个相对好一些的心情呢。身体是革命的本钱，人才是企业最大的财富。工作要边工作边思考，自己才能提升，自己的付出才会有价值。假如总是带着情绪，像动物一样劳作，那永远只能是工具，而不会变成会思考的人。

其次，淡定是长期负责。

我比较喜欢用健身举例。健身最重要的环节，其实并不是自虐，恰恰相反，是休息。学会合理地休息，才能让身体张弛有度，从而长期变得越来越好。

工作也是一样的，长期加班导致身心俱疲是必然的，人都是有承受极限的，过了临界点就崩溃了。现在已经人手严重不足了，如果你不能控制好自己的情绪，不能让自

己对不可能完成的任务淡然处之，最后自己崩溃了，人手只会更不足。

你为了想要对工作负起责来，结果却适得其反，这是不专业的。所谓"职业人"，就是工作中不带入太多的个人情绪，而是时时从对全局最有利的角度去思考问题，然后执行。拼命折腾自己，却不会抬头看整体结构的人，是"搬砖工"，是没有前途的。

再次，淡定是反向优化。

百米跑步的时候全程都是在冲刺，可毕竟工作是马拉松长跑，不可能从头冲到尾。那么到底你们现在天天加班到深夜，是一时的冲刺，还是马拉松式的长跑？听你的描述，并不像是因为时间周期而导致的冲刺，更像是长期的问题，也就是"马拉松式的加班"。

在一个长期存在的问题面前，靠个人的意志力显然是无法解决的，甚至可能牺牲了你个人的时间、健康甚至是工作的热情之后，问题依然如故。

假如真的这样，那么你的努力，就不是在优化工作。恰恰相反，你的努力反而掩盖了工作流程中长期存在的问题，阻碍了问题的暴露，也就耽搁了问题的真正解决。你越努力地加班，就是越努力地掩盖问题，而这个问题既不是你导致的，也不是你能解决的。那你图啥？

补锅法

可能讲逻辑有些虚，那我们来讲一个《厚黑学》中提过的小故事：

做饭的锅漏了，请补锅匠来补。

补锅匠一面用铁片刮锅底的煤灰，一面对客人说："你去点火，我要烧这煤灰。"他趁着客人转身背过去的时候，用铁锤在锅上轻轻地敲几下，那裂痕就增长了许多。等客人转过来，就指给他看，说："你这锅裂痕很长，上面油腻看不见，我把锅灰刮开，就现出来了，非多补几个钉子不可。"客人埋头一看，很惊异地说："不错！不错！今天要是不遇着你，这个锅子恐怕不能用了！"

锅补好后，客人与补锅匠欢喜而散。

故事乍一看很奸商，让人不齿，但背后的哲理却值得深思。

这个补锅匠如果借这手法，找客人多收了钱，那自然是不合理。可如果补锅匠只是通过一些技巧，让原本存在的问题更清楚地暴露出来好让别人更好地看到，然后再借助于别人的关注甚至协助，更好更高效地着手解决这个问题，而且最后没有多收钱呢？那这就是一种工作上的艺术了。

换到你的工作问题上也是一样。你们人手严重不足，工作量过大，长期超负荷工作，时间久了，必然会出事。

职场 尤里卡

职场30年不如一日

或者由于压力大时间紧忙中出错，无法保证工作质量。或者像你现在这样身心俱疲直至崩溃，人员流动让整个局势更加恶化。

就像锅上有一个小缝，你们离得近，已经看到漏了，并且为此受苦。但别人离得远，还未曾发现，甚至觉得没什么问题。这时如果你拼命拿自己身上榨出来的油，去糊那个必然用油是糊不住的洞，结果是什么？不仅你自己总有一天油尽灯枯，而且别人更加迟迟无法发现问题的本质所在，还要怪你为什么炒菜越来越费油了。怎么办？

一个真正站在全局思考的、为全局负责的、不顾一己得失的职业人，应该怎样有技巧地处理这件事？就是要用"补锅法"。

我仍然每天认真工作

分内的事，能做好的我一定做好。但，周末连续加班的事我不做，深夜连续加班的事我不做，因为我无法保证自己在这样猝死式的连续加班之后，还能在平时保持正常的工作状态。我合理地作息，是对自己，也是对公司的人力资产负责。

但我不是严词拒绝加班

我其实非常愿意为冲刺式的任务主动加班，只要加班是真的有价值。但我拒绝长期漫无目的、看不到改善、看不到尽头的被动加班，因为那样是对自己、对公司的人力资产不负责任。所以当被动加班出现时，"不好意思，今天家里有事"，每天我都有事，然后我会心安理得地走掉。

我重复地向我的直属领导提醒

让他清楚地意识到人手不足才是核心问题，而不是我们工作不努力，也不是我们加班不够多。加班本身，未必不合理。但长期无目的无改善的被动加班，必然不合理。不做不合理的事，我有我的原则。我的原则是对自己负责、对公司的人力资产负责。你觉得我不对，可以开除我，但是开除我人手就更不足了。

用行动来唤醒旁观者、决策者

因为我平时认真工作，同时我又拒绝被动加班，所以大家都会慢慢意识到，真正的问题是人手长期不足。那就减少工作量，或者招人吧。这个建议只能向直接上司提出，不要跨级上报，否则是对你直接上司的冒犯，也不符合所有人的预期，容易弄巧成拙。

我在认真炒菜，但锅确实破了，你们看到了么，发现了么？当更多的人，特别是有决策权的人意识到这一点之后，问题才能被根本解决。这才是更有智慧的职场努力，

而不是拼命加班。何况对公司来说，会补锅的人，比会搬砖的人有价值得多。

　　做人，就是做事。做事，就是做人。把情商和智商用在改善全局、提升自己上，而不是阿谀奉承、溜须拍马上，那《厚黑学》就完全没有错。

　　技术中立，兵刃无罪，就看你作为捉刀人，这把武器，你要怎么去用了。

　　这不是鸡汤，是事实。我很难明确地告诉你，在我工作不到五年的时间里，我的年薪从十万到百万的 10 倍增长，有多大比重是因为互联网泡沫，有多大比重是因为个人努力。但我真诚地觉得，会"补锅"是职场生存的必备技能。因为如果你不会补锅的话，等待你的，很可能就是"背锅"。

一点小结

　　1. 职业人不是工具。工作中处理问题要有智慧，遇到问题先理性分析，是自己的问题，还是工作流程和资源分配的问题。

　　2. 职业人不是"搬砖工"。工作中要有全局观，当问题不是自己导致的、自己也无法解决时，不要只顾埋头苦干，于事无补。

3. 职业人不要"背锅"。而要设法学会"补锅"，最终的目的是改善现状、提升自己，而不是大包大揽或者互相推诿。

如果没完没了地加班，是因为人手长期不够导致的，那么你越是努力加班，就越是在努力掩盖人手不足的事实，就越是在努力阻止公司发现真实存在的问题，就越是在努力破坏公司的长期稳定和你自己的个人健康，真是损人不利己呀。

没完没了地加班，怎么合理拒绝

接上篇，我们说完了如何面对永远做不完的工作，现在继续来聊第二部分：如何面对对你充满期待的领导？

你提到了自己被迫长期加班中，有很重要的一点是："领导人很好，对我也很照顾，他也经常陪我们一起加班，因为事情确实非常多。我也不知道该怎么和他讲。"正是领导的这种身先士卒的范儿，让你在不想被迫加班时，变得更加为难。因为你会产生一种莫名其妙地觉得对不起领导的愧疚感。

这时，就需要你做两件事：

1. 端正自己面对领导的心态。
2. 端正领导面对你的心态。

一个一个说。

端正自己面对领导的心态

怎么帮你端正心态呢？就像我在上一篇中说过的，要先看大前提：我其实非常愿意为冲刺式的任务主动加班，只要加班是真的有价值。但我拒绝漫无目的无穷无尽的"马拉松式"被动加班。如果你面对的就是这种纯消耗型的加班，那你就可以告诉自己——我不是不想加班，而是不想在无意义的加班里浪费生命。

可以试着用下面这个"决策树"来平复心情：

决策树的起点，回答这个问题：领导是真正的老板，还是同样打工的？

假如领导是真正的老板，领导自己加班吗

· 领导自己不加班

好嘛，他自己的公司他都不加班，你豁出命去，是图他的遗产吗？

· 领导自己也加班

他自己的公司嘛，他把自己累死也是值得的，可你跟着也玩命是图啥呢？

假如领导只是个打工的，领导自己加班吗

· 领导自己不加班

好嘛，他倒是清闲了，明明缺人还自己不出力，压榨手下去领功，凭什么？摊手撂挑子。

· 领导自己也加班

就是你说的情况，不是"给我上"，而是"跟我上"，太有号召力了，怎么办？

记住：他是他，你是你，你们是不同的人。你们对生

职场 尤里卡

职场30年不如一日

活的预期不同，工作对生活意味着什么，对你们来说也可能不同。想清楚，你想要的是什么样的生活？工作是生活的全部，还是只是生活的一部分？到底工作是为了生活，还是生活是为了工作？当你真的面对一个工作狂领导或者老板时，你要知道，如果你不想原地踏步，而且你又够努力，那么 3—5 年后你可能就会坐在他的位置上，变成他的样子。问自己一个问题，"我想变成他那样么？"

想，和他一起疯狂加班。

不想，最好准备离开。

端正领导面对你的心态

上面的话虽然可能解气，但毕竟不解决实际问题。因为我们大部分时候面对的情况是：领导既不是一个彻头彻尾的加班狂，自己也不是说走就走的潇洒哥。人生在世，shit happens。当你无法离开当前环境，却又面对一个真诚地盼着你一起加班的"好领导"时，怎么办？

看一下这个逻辑链条：因为环境要求有人加班。所以领导期待你来加班，可是你不想加班，最后你完蛋了。肯定是哪里出了问题，所以需要找到并改变逻辑链条里的某个条件，让结果不再是"你完蛋了"。

做出改变

条件1: 改变你的想法

那你就变得愿意加班吧！

这是扯淡，你要爱加班，就不会看这篇文章。不过也说不定你真的就是如热爱生命一般热爱加班，那我猜你看这篇文章的目的，就是想了解一下像我们这种不爱无休止加班的普通人，到底是有多庸俗呢，哈哈。

条件1走不通。完毕。

条件2: 改变环境

你之所以被迫加班，就是因为环境所限。

个体在面对环境时，往往是无力而脆弱的。"胳膊扭不过大腿"，还是现实一些。心中可以期待环境改善，并且为此做力所能及的努力，但把筹码压在这么一个短期不可能变化而你又无法控制的事情上，殆矣。

有人说"那你也可以换个环境啊，找个不加班的公司就好了"。首先，很多人并没有说走就走的能力，所以才会纠结加班的痛苦。其次，请问哪个有前途的公司永远不加班？还招人嘛，我要去应聘。

条件2走不通。完毕。

条件3: 改变领导的预期

所以其实只有这么一条路可走。也只有这条路，能

日日尤里卡系列

职场30年不如一日

"以不变应万变"。

主要是改变两点：

1. 要让马儿跑，就给马儿吃草

互联网行业里曾经流行一句话，关于小团队如何高效地做大事："3个人，干5个人的事，发4个人的钱。"

就这么简单。一切不谈钱的公司都是要流氓。公司成立的目的是什么？赚钱。员工工作的目的是什么？赚钱。天下熙熙，皆为利来。天下攘攘，皆为利往。谈钱实在是太正常，而且太应该，甚至太必须的事了，如果连钱都不谈，那工作的一切都可以免谈了。

我曾经在一家公司工作。有连续近一年的时间，朝9晚9甚至朝9晚11地上班。加上北京可怕的交通，来回通勤2—3小时非常正常，当时我一天用在工作上的时间大约是14—17个小时。我每天能睡多久，取决于我的24小时还剩下多少时间。我能坚持下来，当然有着内心深处对工作的热爱，但更关键的是，人家给钱了。每天一睁眼，公司就要为我支出几千块，一个月下来，好几万块钱准时打到银行卡里。对于当时还很年轻没怎么见过钱的我来说，真的特别焦虑。

领导主动提出"现在加班，年底加薪"当然是比较理想的状态，假如他不主动提，你就要适时地提醒他。毕竟领导也是人也有感情，唤醒他的感情，让他觉得愧疚，管理他的预期，制造你在心理上的优势。最简单的，我觉得也是最有效的，某天加班到比较晚的时候，拦着领导直接问：今年什么时候加薪？我有机会么？您看我能加多少呀？我要怎么努力才能加得更多？好的，我会朝那个方向努力的，您就看我的表现吧！

再举一个反例：年轻的时候我去北京动物园服装批发市场买衣服，商家开价 180 我都直接回 20，同学很诧异说"你怎么好意思砍那么低啊"，我反问说"那好商怎么好意思开那么高呢？"谈判双方嘛，对方既然为了多赚钱能不要脸，那我为了省钱也可以以其人之道还治其人之身呀。没什么不对的。

2. 让马儿跑，到底有没有用

领导期待你加班，正常情况下是觉得你加班能解决问题。可是加班真的能解决问题么？就像你所处的这种情况，根本问题是人手不足，不是靠长期加班就能解决的。但领导可能没意识到，或者他假装没意识到，或者他假装自己在努力想办法解决，总之他的潜台词是："加班是有用的。"那你就有义务告诉他，加班是没用的。

来，先讲个小故事。我之前一个同事，有天跟我抱怨，说手头的事情推进不了。领导催得很急，不知道该怎么办，自己特别焦虑，工作心情很差。我们简单分析了一下，其实事情很清楚：领导 A 让他搞定一件事情，可是这件事

职场尤里卡

职场30年不如一日

情必须团队 B 才能搞定，而如果搞定了这件事情其实对团队 B 非常不利，且团队 B 根本不归领导 A 管。所以，他不可能强迫团队 B 自我伤害，也就不可能搞定领导 A 安排的这件事情。这个事情这么直白，领导 A 不知道么？怎么可能。那为什么 A 还要催他呢？这是个简单的逻辑题。A 一定知道这事在自己这个层面是搞不定的，更何况在自己下属的层面。但 A 为什么不向他自己的上级去申请资源来解决这个事呢？要么，申请了也没用所以没申请，要么，已经申请了果然没用。但这个事面子上又不得不做，所以 A 安排我这个同事来做。说白了，找个人来"背锅"罢了。

　　而我这位同事要想不背锅，就要学会"补锅"。什么是"补锅"？上一篇文章已经详细说过了，忘了的话记得要翻回去认真复习。而至于具体到这件事上该怎么补，特别简单：你发现锅漏了，自己补不上，那就索性把裂缝亮出来给所有人看。直接跟领导说，这个事，你知道该怎么办，我也知道该怎么办，我们都知道，这事没法办。但之前你不知道我知道这事办不成，所以你让我背锅，可现在我告诉你我知道这事办不成了，而且我也明确地知道你现在是知道我知道这事办不成的，所以这锅我不背了。完毕。"豁然开朗"，同事说。后来他跟我说，这个项目已经停了，因为确实推不动，他终于不痛苦也不纠结了，虽然其实他再痛苦纠结也没用。

故事讲完了，回到你的提问场景里来，方法是完全一样的，直接告诉你的领导：人手不足，靠长期加班是行不通的。这句话是废话，你的领导当然知道，可是他不知道你也知道这件事。你明确告诉他，"我知道了，这样行不通"，就够了。仁至义尽。如果领导还是想让你加班至深夜？不要正面对抗，"不好意思，今晚我要去机场接我 30 多年没见面的爸爸。"领导当然知道你拒绝加班就是因为不想加班，而不是真的和亲生爸爸 30 多年没见。那又如何呢？你已经告诉他，你也明确知道天天加班不能解决问题呀。所以，只要是无意义的被动加班，"不好意思，我家里天天有事。"

一点小结

1. 工作只是生活的一部分。工作的意义在于让生活更美好，而不是吞噬生活。

2. 工作的核心目的之一是赚钱。在商言商，千万不要羞羞答答，吃亏上当。

3. 工作中要擅长管理好自己的领导，让领导不要总抱有不切实际的幻想，毕竟大家都是成年人了。

职场30年不如一日

不管老板是不是真的加班狂，你都得先明白自己是否愿意成为一个真正的加班狂。但我觉得你肯定不愿意，不然你也不会津津有味地看这几行字，那么面对没完没了地加班，该怎么办呢？直截了当地拒绝，或者明目张胆地要钱，这是你应该做的，是你对自己的生活负责的方式。

如何与同事在"被窝"里和谐相处

问

　　"日日你好，我是银行客户经理，由于家里比较有资源，而且自己各方面能力还不错，所以在支行里算有些资历。这样有好处也有坏处。

　　好处是，我的业务考核可以打折扣，别人需要完成 100 我只要完成 80 就可以了。坏处是，平时承担了很多自己职责之外的事，比如带团队、教新人、客户比别人多一倍、统一处理合同事务、分担其他客户经理工作等。

　　待遇上，其实我不仅工资和福利并没比别人高多少，还因为业务绩效有折扣的原因，每季度发绩效奖金时，也比别人少 20%，不少钱呢。

　　心态上，我觉得自己已经很努力，做了很多事，但领导总觉得他已经额外照顾我了，还不停地给我安排事情，让我觉得很辛苦。

　　团队里，其他同事都向领导反映，觉得对我偏心，

领导为了平衡，连续几年优秀奖都给了别人，他也向我承认是为了平衡才这么做的。我说我不愿意再做这个特殊岗位了，领导以我能力出众为由不同意，只是给我放了三天假作安慰。

日日，我该怎么办？想换个地方，但银行内部又没有编制可去。跳槽离开，那等于从头开始，业绩全部清空。换个行业，又觉得说不定还是会遇到同样的问题。怪自己没能力，不想再过成天抱怨的生活了，却又无力改变。求助。"

答

看到这个问题的时候，我正蜷在温暖的被窝里发呆。看完问题描述后，我感觉被窝里挤进来好多人：有你，你的领导，你的同事，全裹在一个被子里。虽然大家都知道抱团才能取暖，可是却又互相推搡。这个画面是如此真实，让我顿时在被窝里毫无睡意，甚至还哆嗦了一下。下面我们就分析一下，在这个各怀鬼胎的"被窝"里，如何与自己的同事和谐相处。

我一个人躺在被窝的时候，总会觉得快乐的时光是短暂的。我对"被窝"的要求很高，必须要裹成严丝合缝的被筒才行。可我刚费了半天劲裹好，不一会儿又要去撒尿，尿完一会儿又想要喝水……没完没了，肉体真是个烦人的东西。所以我经常处在这样的一种状态中：到底是要一直忍着口渴或者尿急的状态，来享受"完美被筒"带来的惬意？还是要放弃舒服的被筒，不停地去解决这些永远不可能解决得完的生理需求？

好，故事设定好了。现在，把你公司部门所有人，都放进这个"被窝"里。

同事的"被窝"

首先，还是那句话，"小孩才分对错，成人只看利弊。"你说你绩效要求虽然打了折扣，但工作任务一点也不少甚至更多，而且你的待遇也同时打了折扣，这一切都是有得有失。所以你觉得同事们这样评判你是不对的。可问题是，同事们根本不关心这些啊，没人关心。他们并不是没看到你做出的所有付出，他们只是刻意忽略了这些，只是抓住你"绩效可以打折"这一点不放，为什么？因为这样的"选择性注意"对他们更有利。

大家都在同一个被窝里，本该一视同仁。可是呢，领导考虑到，你经常要替大家从被窝里跑出去，收快递呀、拿外卖呀、扔垃圾呀什么的，所以对你网开一面，在绩效上给你放点水。但事实上，你不光要不停地离开温暖的被

职场 尤里卡

职场30年不如一日

窝，而你回来后还必须把被筒卷好，否则就会被人指责办事不力。甚至即便你卷好了，在你卷的过程中毕竟还是有冷风进来吧？那你也要被人数落。这就是你目前的状态。

同事们不关心你的付出和回报是否成正比，和他们没关系，他们甚至不关心自己的付出是否配得上目前的回报。作为普通人，每个自利而自私的个体最关心的是：我怎么才能付出更少却得到更多？甚至我怎么才可以不付出只获得？正当他们眉头紧锁、白日做梦时，咦，他们看到了，你似乎被要求付出得更少。你的绩效要求是可以打折的，凭什么？注意，大部分比较职业的人，是不会对你个人有什么特别偏见甚至仇恨的。毕竟就像黑帮电影里常见的那句台词，"nothing personal, just business"，大家只是各为自己罢了。不排除少部分蠢货分不清工作和生活，会真的对你个人有意见，这种人你离他远点就好，他自己迟早会给自己招来祸的。

当你可以打折，别人不可以打折时，别人就会觉得"这不公平"。他们不会看到你折扣背后还包含着怎样的额外付出，他们只关心打折这件事本身，不公平，太不公平了！既然不公平，就要解决。方案有两个，一个是全都不许打折，另一个是全部都打折。你猜猜看你的同事想要的是哪个呢？你肯定猜不对。正确答案是：他们两个都不想要，或者说他们两个都想同时要——别人全都不许打折，只有自己随时可以打折。

　　自私自利的个体并不会真的憎恨特权，他们只会憎恨特权不在自己手里。所以当有同事向领导抱怨关于你的问题时，他们并不是想取消你的特权，也不是想把这个特权赋予所有人，而只是想，既然你能打折，那我也要打折。如果不给我打折，就得给我别的补偿，不然我心里不舒服。领导为什么多次把优秀奖都给了别人呢？为什么没有给他认为优秀到可以单独设立考核标准的你呢？说明你的领导也是个"人精"，他通过所谓的"左右平衡"的手法，来缓和，而不是解决这个问题。

　　那领导这么来回折腾不累么？他为什么不干脆遂了你的愿，真的取消你的特权呢？这样不是更好嘛，你也舒服了、同事也不闹了、团队整体考核就统一了呀。不是的，因为在领导眼中，"被窝"是另外一个样子。

领导的"被窝"

　　领导的小心思其实没啥复杂的。其实在我看来，不管是同事还是领导，不管是你还是我，咱们本质上和大猩猩，都没什么本质区别。其他人都可以通过观察这只大猩猩的行为，来推测其动机，并预测其后续变化。接着上面说，为什么领导这只大猩猩明明看到了你的特殊待遇导致了团

职场30年不如一日

队内的不满，却仍然要坚持让你承担这个特殊岗位呢？大猩猩并不傻，领导也挺聪明的。他这么做只有一个解释，就是：保持当前状态，对他自己而言有利。

还记得最初我一个人待着的那个被窝吧？我虽然有点口渴和尿急，但让我离开被窝去解决我必须解决的问题，还是挺不舒服的。既然我的生理需求带来的痛苦还没那么严重，那不妨忍一忍。这就是领导的"被窝"里的第一层：他懒得管。能不动就别动，万一乱动放进来凉风，被窝里其他人又该有意见，说我领导不力。至于你觉得不舒服，你尿急口渴了？同志啊，要有大局观，再忍一忍吧。而领导"被窝"里的第二层，水就深了。我之前说过一次，在中学里霸凌其他人的小混混们最喜欢挑什么样的人下手？并不是好欺负的。"好欺负"只是表相和结果，被霸凌的受害者们内在的核心特征是：跟别人不一样。你现在就是被迫扮演着"枪打出头鸟"里，那只鸟的角色，你跟其他人都不一样，太扎眼了。领导跟大猩猩一样聪明，他自然也知道其他同事打你的小报告，并不是真的对你有意见，而是想通过这个借口给自己争取利益罢了。领导同时还知道，即便取消了你的特权，同事们也会利用别的借口来表达不满，并且同样去争取自己的利益。就好像不管拍马屁的人具体拍的是哪一股屁，最终目的都是让马开心一样，不管为自己争取利益时打着什么幌子，背后的目的都是升职加

打工方程组

薪嘛。这是人性，不会变的。既然如此，领导干嘛要把一个明明可以给人性里的病毒们当靶子的病灶给端了，逼着它们去四处攻击身体里其他的健康部位呢？那多麻烦而且不可控呀。甚至更有可能，你这个靶子，干脆就是领导有意一手立起来的嘛。

有一个段子，说有个书呆子，对关于灭火的一切知识都非常了解，一幢房子不管烧成什么样，他都有办法灭火。"那如果房子没着火，怎么办？"有人问他。书呆子说，"这个简单，没着火的话，你就把房子点着，这就把一个我不知道的问题，转化成了我知道的问题。"领导其实就是把你当靶子竖了出去，以便管理团队。一来，所有人的不满都集中到了你这里，有了发泄渠道，而领导只需大力把你安抚好就行，不需要四处救火、乱卖人情。二来，当所有人都在团队内部找不同、伐异己时，就不会有人注意到领导的无能和过失，他就能通过控制"党争"的力度来更轻松地平衡统治了。

就像同事们把你当成靶子并不是针对你个人，而只是为了他们自己的利益一样，领导把你塑造成靶子也未见得是对你个人有什么意见，或者对你个人能力有什么特殊倚重，你可能只是一个刚好适合用来做靶子的种子选手而已。说到这里，有没有觉得，领导其实也不坏，他可能只是有些无奈。

职场尤里卡

职场30年不如一日

你的"被窝"

既然你已经看懂了上面的逻辑，明白同事并不是针对你，领导也未必真的优待你，那么你就该摆脱对错的思维，开始认真考虑自己的利弊了。"解铃还需系铃人"，既然是领导一手竖起了你这个靶子，那他就是这件事的第一责任人，怎么样"捅破这层窗户纸"让他承担起应负的责任呢？我们来讲一个童话故事。

《皇帝的新装》你应该听过吧：两个骗子忽悠皇帝说"我们有一种神奇的布只有聪明人才能看到，您要不要穿上这种布做的新衣服上街游行呀"，皇帝没什么脑子所以同意了，赤身裸体上街被耍猴。而吃瓜群众呢，也纷纷担心被别人认为自己是不够聪明才看不到皇帝的新装，于是也都不说话。直到一个天真无邪的小孩子大声说"皇帝为什么没穿衣服呀"，这个荒唐的谎言才被戳破。这个童话故事算不上真实，但却揭示了一个真实的道理——"共有知识"和"公共知识"的差别。其实包括皇帝、骗子、吃瓜群众所有人在内，大家都知道皇帝没有穿衣服，这是一个分别存在于每个人心中的"共有知识"。可是因为没有人敢说出来，所以大家并不知道别人也知道。直到小孩子说出真相，这个"共有知识"才突然变成了"公共知识"，大家恍然大悟原来所有人都知道这件事呀。看起来，人们并没有获得更多切实的信息，但"共有"变"公共"之后，情况确实发生了本质的变化。

一样的道理，领导当然知道他是在把你当靶子，而你现在也已经知道这件事了，可领导还并不知道你已经知道了。所以，就像小孩告诉皇帝他没穿衣服一样，你也应该告诉你的领导，"我知道你在拿我当靶子，你这样的做法，可是要加钱的。"不过告诉领导，情况就会有好转么？《皇帝的新装》并没有说最后小孩的结局是什么，有可能皇帝很惭愧顾不上追究，但也有可能皇帝恼羞成怒，下令把小孩杀头了呢。同样地，你跟老板挑明之后，有可能老板会照顾你的感受，但也有可能直接否认、甚至处罚你呢。怎么办？其实你自己在提问中已经给出了答案："怪自己没能力，不想再过成天抱怨的生活，却又无力改变。"核心就是，"没有足够的能力"。如果你对于团队而言真的那么不可替代，领导怎么会不愿意帮你解决问题呢？所以"打铁还需自身硬"，"发展才是硬道理"。

最后，还是我反复强调过的：真正的自由，是随时可以选择放弃。而一旦放弃了选择，就失去了真正的自由。不管是你换部门、换单位、换行业，核心都在于你要有说走就走的能力，或者至少当你不得不走的时候，你能在"死路一条"之外找到别的还算可以接受的路。当你有了这样的能力后，你都不需要向领导发出什么最后通牒式的

职场尤里卡

职场30年不如一日

"不加薪就辞职"的威胁，你只要客观展示你的选择空间及背后的个人能力就够了。越是当你能够随意离开的时候，团队越会重视你的价值，你反而越不会随意离开。

回到我的"被窝"里来看一下：与其让没裹严实的被筒一直漏风却懒得去管，不如下点狠心把被子掀开重新裹一次，彻底打造一个温暖的被窝。毕竟，如果总是不想走出自己的"舒适区"，那你就会待在原地那个小区域里变得越来越不舒适。

一点小结

1. 理解同事的心态，是利己而不是损人。不要和他们有什么个人层面的敌视心态，不值得，没必要。把工作和生活区分开。

2. 理解领导的意图，是靶子而不是优待。但也别觉得领导好像欠了你什么，只要告诉他，你并不欠他什么，而且你要争取更多，就够了。

3. 不论什么时候，永远提升自己，并且了解自己在劳动力市场上的价值，把工作和生活的主动权，牢牢握在自己手里。

打工方程组

同事未必是看不到你的辛苦，他们可能只是不想看。同事未必在意你占了公司便宜，他们可能更在意自己为什么没占到。老板未必看不到你的付出，他可能只是不想看。老板未必介意你成为众矢之的，他可能很乐意你替他当靶子来吸引火力。

公司里的"好学生"都是蠢货

问

有位朋友在微博上挂号问了我一个问题,问题大意是这样:"小明的公司作为甲方,与乙方谈好了一项合作。小明作为领导的代表,负责全程和乙方对接合作事宜。但由于合作过程中出了一些问题,导致领导很不愉快,所以到了合作结束该算钱结账时,领导突然变卦,不想给钱了。虽然事出有因,但乙方仍然很生气,质问公司的代表小明同学,做人怎么能这个样子。而小明呢,夹在中间,觉得双方都存在问题,也都应该承担部分责任,可又没有决策权,只是一个传话筒,又苦又闷不知如何是好。"

答

这就是一个被领导当枪使的典型案例。

这位朋友在描述这个问题时,洋洋洒洒写了几千字,详细地向我这个隔行如隔山的门外汉讲解了问题的原委和现状，以及他自己的思路和看法。我笑着说你描述得非常清楚，在你说完之后，我几乎敢说自己对你们这个行业的大体模式有了一个浅层的认识，受教。但你的真正问题其实在于这里——我语音回复了十多条内容，陈述了利弊原委。对方听了语音回复之后表示恍然大悟，也很开心，一再感谢。能和其他小伙伴共同成长，这确实是一件双赢的事。

通过这件事，我最大的收获有两点：

1. 很多人不会正确地提问，根本原因可能在于没有看清自己的问题所在。而一旦能提出正确的问题，其实问题已经被解决了一半。

2. 回答问题的人，特别是收了钱回答问题的人，不能苛求提问者必须定义清楚问题，而应该在其现有的表述中，努力洞察发现背后的核心问题。

这位朋友在工作中遇到的核心问题，其实就是他没有很好地完成从学校到职场的环境转变。在公司里，仍然把自己当成是一个"好学生"。可要知道，公司里的"好学生"，基本上都是蠢货。

为什么这么说呢？因为"好学生"这个标签，一般意味着下面三个很明显的问题。而这些问题，往往会在一个职场人提升自己的道路上，埋下巨大的坑。

这位挂号的朋友所面临的，就是"好学生"的三个问

职场30年不如一日

题中最明显但也最好解决的第一个问题。

找标准答案

我一直认为，在研究生或者同等级的高等教育之前，包括从小学到大学的所有教育阶段在内，都不过是基础教育。在基础教育里，教育的目的是"知其然"。也就是，通过向人类幼体灌输一些人类整体上已经掌握的现有知识和结论，来帮助新出生的白板人类个体快速适应现代文明生活。但到了研究生或同等教育之后，学习者就进入了高等教育的阶段。这一环节中，白板人类通过学习已有的知识，更好地去理解前人当初是如何发现这些知识的，从知识本身向获得知识的方式进行探究。最终的目的，不再是掌握现有知识，而是利用现有的东西，先掌握获得知识的方法，再去螺旋上升以获得更多的新知识。

其实同样地，当一个学生进入职场成为员工之后，他从事的工作虽然不是研究性质的，但仍然是在很大程度上，没有标准答案的东西。回到挂号中的问题上来，一句话就明白核心问题所在了："小孩才分对错，大人只看利弊。"

到底是领导不仗义，乙方不给力，协议不清晰，沟通不顺畅，还是情况太多变，事实太复杂？你能分析出上万字来。可关键是，这重要么？这些统统都不是最重要的。

分析再多事实，又能怎么样？你并没有决策权。领导不仗义，又能怎么样？你并没有决策权。乙方很吃亏，又能怎么样？你并没有决策权。说来说去，你都没有决策权。你在这个事情里，就是一把"枪"的角色。开枪的时候，需要枪思考么？枪最后应该打死谁，是有标准答案、有对错的么？完全取决于开枪的人想要打死谁呀。在一个明明没有标准答案的问题上，作为枪的你，不去关心持枪者的利弊而一直在纠结事实，是不是傻？

一般来说，没人喜欢被别人当枪使。可是你现在就是枪的角色，怎么办呢？其实特别简单，三步走：

第一，充分认清现状。自己既然是枪，那就要对射程之内的所有人及事作个基本判断。你能用几千字把问题描述得这么清楚，说明这一步你已经做到了。你现在唯一没看清的，就是你自己的定位。你只是一个传递信息的中间人，没有决策权，所以也不需要在如何决策这件事上，牵扯太多个人情感。

第二，和领导达成一致。不论是不是领导不仗义，你在合作方面前，代表的都应该是自己公司的利益，这是底线。如果你觉得这个底线突破了你的道德底线，可以马上走。这不是集中营，没人电击你。要理解公司的利益立场，了解领导决定背后的含义，充分思考，必要时和领导进行验证，控制沟通风险之后，再去执行。

第三，管理对方预期。领导知道你没有决策权，但他不知道你也知道这件事。所以你告诉他，我这可是请示了你的意见，向你确认了背后的意图之后，才执行的。出了事，不要想着让我背锅。这样你就把自己和领导之间的立场强行统一了。乙方可能都不知道你有没有决策权，那你更要明确告诉对方，你只是一把枪。"你们的情况我知道，事情的前后我也知道，但我说了不算，你们有事可以反馈给我，我会向上传达。"这样你就把自己和乙方之间的对立关系给缓和下来了。

这三件事做完，你的收获如下：

1. 你在个人层面上，把私人感情和工作立场区分清楚了，后续再有类似的事，你的应对会更职业化。很多职场人在生活中的痛苦，不小的程度上是来自于工作和生活界限太模糊。希望你能划清这条线，对你会有帮助。

2. 你作为下属，有了一次主动向上理解相对高层决策的机会。甚至可能在交流的过程中，通过提供信息和建议的方式，你或多或少参与了此次决策。决策的后果你不用承担主要责任，同时你又学到了决策经验，这是很有价值的。

3. 你作为接口人，没有变成信息的瓶颈。部门间、公司间的大部分麻烦，都出在沟通不顺畅上。我们作为一个齿轮，不可能打通整个链条，但我们至少可以让自己光滑好用，不降低、甚至提高整个机器的运行效率。现在的工作，很少有单打独斗创造价值的了，往往都是团队合作。你个人沟通能力的提升，必然会在某一天体现在你的个人价值上。

但这里面，第一和第三都相对容易做到，比较困难的是第二点：和领导达成一致。很多"好学生"会在第二点上再掉进下一个坑里：

如何跟领导进行真正意义上的有效沟通？

听老师的话

看到"和领导达成一致"这句话，典型意义上的"好学生"会把它错误地理解成：听老师的话。这种错误的原因很简单，好学生习惯了去做一套有标准答案的试卷，总觉得有一个标准答案在那儿，只要找到就行了。现在你告诉他，这些题目是没有标准答案的，他表面上听懂了，其实心里并没有理解。他会觉得，好吧，试卷上没有答案，估计老师那里有。毕竟，试题嘛，怎么可能没有正确答案呢？所以，好学生会去老师那里请教难题的答案，同样地，像"好学生"一样的员工，就会向领导去请示复杂问题该怎么处理。求助本身并没有错，更不会不光彩，因为求助本身是自我提升的必经之路。但如果把求助得来的建议当成了标准答案，那就又错了。所以和领导沟通的时候，千万不要做"好学生"，千万不要一味地只会听老师的话。

该如何去做呢？要自己带着问题思考，然后带着选项去求证。自己思考，这个很容易理解。遇到了实际问题，以解决问题为目标，去收集信息、分析逻辑，这一步即便是"好学生"也能做到。这一步的一个小陷阱在于，工作中的问题，不是知识点，不是学术研究，而是非常现实导向的。你需要用最小的成本、以最快的速度给出最好的方案。

很多"好学生"会觉得，我不满足于只理解这个大问题中的一小点，我要掌握全貌，这就完蛋了。"有心"并没有错，错误可能出现在"有心无力"。要知道全貌不是你想看，想看就能看，要不然行业专家为什么那么值钱、多年经验为什么那么晃眼？就是因为它需要很多时间的投入。或许是看几本书，或许是听几堂课，又或许是先干上几年，总之不会太容易。如果你在工作中，用"好学生"的学习方法去面对这种问题，对公司来说，解决问题效率太低了。更现实的方法是，你至少先走这一步，再腾出手来考虑后招。而且这一步走得是对是错，你也能得到清晰的反馈。

对自己来说，风险可能也比较大。因为如果你是带着问题在现实中边干边学，学以致用，那么成长会很快。可如果你指望像在学校里一样，先学个三年五载，再施展拳脚，恐怕工作的节奏不会给你留出这么多精力。这其实也是为什么很多职场人成天发雄心壮志说"我要全力充电，结果啥也没干"的主要原因，好高骛远，人就容易毁在拖延，甚至知难而退。

那什么是"带着选项去求证"呢？这个是很多职场新人容易忽视的地方，背后仍然是"好学生"思维在作祟。如果一道题目，有标准答案，那么你做不出来就是做不出来。而如果你做出来了，哪怕方法笨一些，毕竟是做出来了。但现实工作，没有标准答案，你这样做也行，那样做还行，而且你没做之前，很可能不知道做完是什么结果。这时，"好学生"就一股脑把题目丢给领导，让领导决策，反正自己听领导的话就行了。可是，领导可能也不知道怎么做啊！他或许还不如你清楚呢。试想，如果领导能在忙完他自己的事之后，仍然在你的工作上做得比你好，那他还要你干啥？你存在的价值是什么？

正因为领导在你手头的这个问题上，懂得很可能没有你多，才更需要你来给出建议。换句话说，就算你最终需要领导来决策，你提供的也应该是一道选择题，而不是问答题：

"领导你看，这个题干是这样的，我的理解是这样的，已知条件有这些，常见的解法有这些，我们的目标是这些，所以对应的选项是这些。这些选项中，ABCD 分别是如何如何，它们各自的好处和坏处又分别是如何如何。在我看来，我个人建议是选 C，因为 A 的成本太高，而 D 的周期太长，至于 B 的话，我猜从你的角度来看，可能有这样那样的风险，未必那么可控。综合下来，C 似乎是最理想的，

然后它当然也存在以下几个问题，分别是 XYZ。我暂时就想到这些，你看下是否有什么补充，如果没有大的问题，你看是否就按 C 选项来操作？"

这才是真正意义上的有效沟通。所谓"和领导达成一致"，不仅不是听领导的话，甚至在很大程度上，应该是"让领导听你的话"。当你总是能站在领导的层面上，甚至更高的层面上，纵览全局，给出合理的方案时，会发生什么事？领导似乎除了说一句"好的，同意"，就没有别的价值了。那么，为什么公司不让你来做领导呢？为什么不会有别的公司挖你去做领导呢？你为什么不能自己创业出来当领导呢？事情就是这么简单。当你抱着"领导说了算"的好学生心态去应付工作时，你就永远不可能成为掌握决策权的人。

集体荣誉感

如果一个"好学生"跨过了前两个坑，明白了做事的重点在于决策权后，他就可能会掉进第三个，也是最大的一个坑里：集体荣誉感。

这是怎么发生的呢，回顾一下：

首先，这个好学生明白了，事务没有标准答案，而只有利弊分析。其次，这个好学生又明白了，不需要听领导的话，而是要站在公司立场上去想问题。那么，这个"好学生"接下来，就很可能把自己的个人利益和公司绑定起来，变得和公司荣辱与共。说到底，这仍然是标准答案的问题。既然标准答案不在试卷上，也不在老师那里，那么找学校总错不了了吧？这个思路本身是没问题的，甚至是公司提倡的。马克思也说过，调动集体中个体的主观能动性最好的方法，就是让个体利益与集体利益相一致。

马云也姓马，他继续扩大了利益的内涵和外延，不仅包含了物质利益，还包含了精神利益，所以就有了今天互联网界最大的职场宗教团体——阿里。阿里的文化核心，就在于"去个体化"。入职第一件事，抹去你的个人姓名，按照公司的规则，每人起一个花名。很多阿里员工，彼此合作多年，完全不知道对方真名叫什么，事实上也没有必要知道，反正都是"阿里人"。喜欢这套规则的人，管这叫集体归属感；不喜欢这套规则的人，管这叫洗脑，其实本质没区别，看你如何进行价值判断。

这种集体归属感，好处是一目了然的。关于群体行为的大量书籍对此都有过论述，而组织行为学领域里也不乏精辟之见。阿里的成功，像所有其他企业的成功一样，虽然最大的影响因素必然是机遇，但除此之外，员工凝聚力也非常重要。个人觉得在阿里之后，最有希望成为下一个大型职场宗教团体，或者说已经成为下一个大型职场宗教团体的，应该是小米。

职场尤里卡

职场30年不如一日

但凡事都有两面性，有好处，就有坏处。个体过度地将自己跟集体绑定在一起之后，会有一种虚幻的力量感，导致对自己无法有清晰的判断。前段时间有篇文章挺火，大意是说很多人在大公司里有一个不错的位置，其实能力很一般却又不思进取，总觉得公司牛就意味着自己也牛。不曾想，你在这个公司里，可公司不缺你。你离开了公司，你什么也不是。一个集体中的哪些个体会最看重集体标签，以至于听不得别人说这个集体标签一点儿坏话呢？一定是这个集体中最弱最没有价值的那些个体。一方面，自己太差劲了，所以愈发看重这个外在标签带给自己的身份光环加成；另一方面，他们也需要通过更强烈的情绪表达，来增强自己在他人眼中的集体归属身份。

当一个个体陷在一个集体标签里时，不论这个标签本身有多强大，这个个体都已经开始放弃个人成长了。这个标签越大越全，这个个体放弃的越多越彻底。

一点小结

上面说了很多关于标准答案的否定内容。它不在试卷上，也不在老师那里，更不在学校里，那它到底在哪呢？我觉得，要么不存在标准答案这回事，要么它动态地存在于每个人心里。永远不要放弃用逻辑去分析问题，找到核心点，找到规律。永远不要放弃自己去思考，把自己行为的决策权，留在自己手里。

想起曾经看过的一篇短文《地狱是上帝不在的地方》里的一段话：

"堕落天使，也就是魔鬼们，并不经常光顾人世。出现之后，既不会给人带来好运，也不会造成破坏。他们不受上帝管束，来去匆匆，只是做着那些世人无从捉摸的营生时，从人间顺道路过。碰上他们时，许多人会问他们问题。他们知道上帝的意图吗？他们为什么被上帝逐出天庭？这伙堕落天使的回答千篇一律，只有一句话：自己的事自己决定，我们就是这么做的，建议你也这么做。"

日日尤里卡系列

永远想要从别人那里找到"标准答案"的人，永远都是小学生。虽然他们年龄可能已经不小了，但心智上还远远没到能为自己负责的程度。从这个意义上来说，在校园之外的"好学生"，总是希望有其他人来为自己的生活作出解答，本质上都是"巨婴"。

72

职场30年不如一日

工作中总是当受气包怎么办

问

"日日你好，这段时间阅读你的微博使我认识到许多新的观点，扩大了自己的视野，表示感谢。我是一个 26 岁的妹子，在一个小县城国有四大行之一做最基层现金柜员，对目前的工作现状十分不满。

因为这个职业我觉得很受气。对外受客户的气，对内受领导的气。比如说，有些业务按规定确实做不了，客户脸色会难看，甚至骂得很难听，摔东西。得不到尊重，自己的情绪会受影响，很难受。网点负责人严格地要求我们完成各种任务，但是有利于我们柜员的小问题又不会积极解决。

目前没有勇气放弃这份职业，因为没工作就没钱生存，以我现在的能力可能找不到更好的工作，也害怕外面的世界更残酷。

我的问题是，既然目前我摆脱不了，我该怎么不被某些奇葩的客户影响到自己的情绪，保持一个良好的心态呢？我知道我该提升能力去摆脱这个不满意的环境。但是我每每想要付诸实践的时候，又没有一个计划，没有一个顺畅的思路，不知从何做起。我发现我说得比较啰唆，请见谅。

盼回复！"

答

哈哈，我最喜欢回答你这种问题了，逻辑清晰、细节丰富，而且对自己特别真诚，很可爱。我教你两个办法，来解决你的情绪问题。至于你的未来该怎么办，我可能没法提供实质性的具体措施，但我相信你可以自己慢慢找到适合自己的方向。

情绪盆

就像《哈利波特》里邓不利多教授用的魔法神器"冥想盆"一样，把你的情绪像"线条"一样一根根地抽出来。

第一步

为什么不爽？分别有哪几件事不爽？不要想怎么解决，完全不想，就只管罗列。比如今天遇到一个脑残客户他如何如何，然后领导也是脑残他如何如何，出门上班挤

职场30年不如一日

公交又被一个蠢货撞到了，网上买的鞋这么久了还没寄到等等，全部一条一条列出来。事无巨细，只要你想到了，就列出来。

列完之后，做一个快速的梳理，实现所谓的 MECE（Mutually Exclusive Collectively Exhaustive）。意思就是所有让你不爽的项目一条条列出来之后，应该是"彼此独立，完全穷尽"的。也就是说，每件不爽的事之间应该是互不相关的，而所有你列出来的事加总之后，基本涵盖了你今天所有的不爽情绪来源。比如一个很简单的方法是，闭上眼回忆今天从早上起床开始一直到现在，按时间顺序把所有的"不爽"依次全部写出来。

第二步

逐条看，看每一项，是不是重要。判断标准就是你心里的声音，你觉得重要，那就是重要，你觉得也不知道是不是重要，那肯定就是不重要。如果不重要，不需要关心，直接删了，没必要为这些鸡毛蒜皮的事不爽。如果重要，怎么在后续解决？能一下想到解决办法的，写出来，并且看看这个办法到底靠不靠谱，确认是不是真的能解决问题。好，确认可以了，那就把这条也删了，因为有方案直接去解决就好了，以后没必要再为此不爽了。而那些既重要却又想不到解决办法的呢，怎么办？没办法，就放在那儿，告诉自己，现在有件让我不爽但我又无能为力的事情，确认自己知道了。好，确认之后，删了。反正你也解决不了，留着也没用，直接删了拉倒。

这时，所有不爽的事情不仅被列出来，而且被审视、思考、并且删除掉了，突然间你会发现，你的"不爽"基本上也已经被解决了。注意，解决掉的是你的不爽情绪，而不是让你不爽的现实问题。懂吧？要想瞬间解决掉让你不爽的现实问题，恐怕只有"做梦"这一种办法了，哈哈，不要活在童话世界里。

魔术揭秘

那"不爽"情绪是如何被解决掉的呢？原理很简单，人的大脑是由更初级更简单的大脑发展演化而来的，所以它必然保留了比人类更简单的动物的大脑所具备的一部分特点。其中一个最重要的特点，就是"相比于理性，情绪优先"，以及"在所有情绪里，负性情绪优先"。前一条"相比于理性，情绪优先"是因为理性毕竟还是人类这个复杂的物种才具备的思维能力，而更初级的动物往往是没有这个东西的。越高级的能力出现得越晚，因此离本能越远，也越难唤醒。后一条"在所有情绪里，负性情绪优先"，是因为比起积极的情绪，负性情绪对个体存活有更重要的意义，因为诸如害怕、愤怒等情绪能够帮助我们更好地躲避有害刺激从而提高存活率。

而"情绪盆"所做的事，就是把情绪交给理性去剖析，

所以就成功地压制住了本能的情绪反应，并唤醒了不受情绪控制的理性。理性是没有情绪的，所以你的情绪就被解决了。so easy。

视野

和你境遇相似的小朋友我遇见过很多，最大的特点就是"缺乏视野"，活在自己的那点小心思、小困惑里。作为一个"过来人"老帮菜，我真心建议你不如趁着自己还年轻的时候，尽快提升自己的大脑价值，不要等身体机能衰老了，才发现自己一无是处。怎么提升大脑价值？拓宽你的视野，要努力保持高于你的"一亩三分地"立场去看问题。

具体到你提的这个问题来说：黑格尔有句名言"存在即合理"，其实是被翻译错了。原文是德语，翻译过来应该是说"一切真实存在的东西都是合乎逻辑的，而一切合乎逻辑的东西都真实存在"。所以"存在即合理"里面的"理"，并不是合乎"伦理"，而是合乎"逻辑道理"。好好体会一下这句话，然后咱们回过头来看你的问题。

明明是银行不让办业务，客户为什么要骂你

因为他骂不到银行，银行不是一个值得骂的东西，银行不会生气，但你会。你会痛苦，你会哭，你会道歉，你会

赔笑脸，所以就要骂你，"老子拿着钱，骂完你老子爽了"，对于那个愤怒的客户来说，这就是你的价值。

事实上是这样嘛？不好意思，真的是这样。所有一线客服类员工的核心价值之一，就是替公司挨骂。不然公司给你们钱干什么？这对一线员工公平么？不重要。重要的是，公司给你钱了，客户给公司钱了。不想要钱，你走。你不走，就忍着。

明明柜员这边遇到问题，公司为什么不给解决

因为不值得解决。你一个月工资多少？帮你解决这个问题需要哪些人出力？这些人的工资又是多少？解决这个问题能给公司带来多少收入？有没有更赚钱的事情值得这些人去做？这都是分配资源的时候需要去考虑的。不是你遇到问题就要给你解决，你不过是个挨骂工具。不想听挨骂，大街上几百人等着听挨骂赚钱呢。不想干？走啊。

这段话非常情绪化，为什么？我完全可以用更平和的方式表达，但我为什么一定要这样表达？因为这样你的印象才深刻，情绪化的东西，最有力量。记住这一点。接下来，我们用平和的方式重述一次，你就能认真理解了。假设你是银行的分行负责人，你会如何考虑柜员这个职位？

职场 尤里卡

职场30年不如一日

去掉情绪之后的表达

　　柜员这个职位的核心职责之一，是不是保证客户的满意度？显然是。那么如果客户不爽了，哪怕因为客户自己脑残，但客户就是想骂人，这时让客户骂骂柜员来保持满意度，是不是可以接受的一个解决方案？显然是。

　　柜员遇到了问题是否应该解决？当然应该解决，那么就要去申请解决问题的资源。然后你发现有几百上千个问题等着解决，而资源（解决问题需要投入的人力、物力、财力）永远是非常有限的，这时如果你是领导，你会怎么分配资源呢？当然是给那些又重要又紧急的问题分配尽量多的资源，而不那么重要不那么紧急的事情就先放一放，这样才最合理，对不对？柜员这种基层员工，工资也低、可替代性又高，他们的问题又重要又紧急吗？显然不是。那需要马上解决他们的问题吗？显然不需要。就这么简单。

　　你站在管理者、资源分配者，或者不管什么角色，总之是站到更高的一个层面上去看你现在遇到的这些问题，根本都不是问题。现状如此，实在不是偶然，而是必然，而且非常合理。注意，不是合乎"伦理"，而是合乎"逻辑道理"。因为现状是真实存在的，所以它确实符合逻辑道理。而正因为它符合逻辑道理，所以它就以现状的形式而存在。黑格尔说得真对啊。

一点小结

所以结论呢？就忍着？当然不是。逆来顺受，和想清了之后的隐忍，不是一回事。大海有时也会像路边的坑洼一样死水一潭。可做大海，就要有大海的包容和格局。当大海积聚了力量醒过来的时候，就是惊涛骇浪。你，一位可爱的受气包小朋友，想不想做大海呢？从现在开始，怀着大海般的心胸，去积聚大海般的力量吧。

在工作里总是受气，说不定是因为受气本身就是你的工作职责。跳到更高的维度上去看待自己的处境，你或许总会有意想不到的收获。这种思维方式的本质，其实就是"尤里卡"这个词的字面含义——啊！我明白了！

工作中总出错，真的是"粗心"吗

问

"种老师，想请教一下。我是做财务的，做事很粗心，经常出错。付款交税之类出错，不仅自己很愧疚，还会给公司造成损失，让我很痛苦。现在在纠结：

我知道无论做什么事情都不能马虎，那怎么才能避免因为粗心而出错呢？

期待种老师的解答，谢谢。"

答

确实，做任何事都需要专注和认真，能意识到这点很重要。我不清楚"粗心"具体有什么生理学基础，估计是有的，毕竟人的专注力，或者说长时间的集中注意力，其实也是个体智力的一部分。但个人的神经智力主要是靠遗传，后天努力的空间不是很大。换句话说，这个因素咱们也不太控制得了，不如说点别的。比如讲几个小故事，怎么样？

小故事有三个，供参考。

我想不起来是多少年前了，我读小学四年级。

当时我们正进行数学考试。我照例很快就做完了，巡考老师是隔壁班的班主任。她似乎私下看我很不爽，但我一直不知道原因，现在回想起来，可能因为我不是她班里的学生，又经常考年级前几名，所以对她的教学成绩排序有不好的影响？反正她主动跑过来看我的试卷，边看还边摇头，最后冲我笑笑走了。我觉得很莫名其妙，心想这人得意什么呢？上一次我可是考了 100 分呢，这一次的题目照例如此简单，有什么好笑的。但那个笑容实在是太诡异，跟吃了"含笑半步癫 + 三笑逍遥散"套餐一样，大夏天的，笑得我心里发凉。

于是，我破天荒地开始检查试卷。在那以前，几乎每次考试，我都是早早做完，就只等收卷的。老师不让大家提前交卷，据说是这样容易"扰乱军心"。结果不检查不要紧，一检查，发现我在试卷后面的 5 道大题全都做错了，而且一看就是错的，完全不知道自己最初是怎么可能错成这样的。所幸当时离交卷时间还早，我就全都改对了，后来出成绩的时候依然是满分。隔壁班主任知道这个残酷的真相之后不知道会怎么想，反正我在楼道里碰见她，就认真冲她笑了笑，是真心感激的。

那个学期期终考试前，一共有四次数学测试。最后年级第一是个女孩子，四次考试总分 400 分，也就是说，她每次考试都是满分。我是年级第二，总分是 395 分，因为第三次测试时，最后一题我又做错了，错得特别离谱。我印象很深，最后一题的最后一问，是求一个平行四边形的面积，底边和高都已知，那直接"面积 = 底 × 高"就好了呀，我鬼使神差地写成了"面积 =1/2 × 底 × 高"也就是三角形的面积公式，所以做错了扣了 5 分。当时老师安慰我说："没事，你很聪明的，这次只是粗心罢了，没关系。"天真幼稚而自以为是的我，居然就那么信了。

故事二

时间很快就到了高三模拟考试，那个时候我还在用"我只是有点粗心"来安慰自己。三次模拟考，数学的平均分是 148，试卷满分 150。基本上到高考前已经没什么可提升的空间了，我当时这样认为。

真到了高考，我在考场上还边答题边提醒自己，要认真，不要粗心大意。结果这种提醒导致我不停地分心，最后做题太慢差点没做完，真是可笑。而恰好那一年数学题目特别简单。有多简单呢？很多平时只能考 130 分的同学，那次高考数学都得了满分 150 分。换句话说，一个还算是学习成绩不错的学生，只要你能不粗心而且把题做完，基本上这张试卷毫无难度。可结果呢？我又因为所谓的"粗心"，居然只得了 143 分，比很多同学分数都低，也比难度更高的历次模拟考试里自己的成绩都低。那一年的理科综合卷也特别简单。多简单呢？简单到如果我不粗心的话，满分 300 我应该是可以考 300。但其实我只考了 270 多。将近 30 分是怎么扣掉的呢？因为所谓的"粗心"。我在物理题里少考虑了物体与桌面的摩擦力，又在化学题里写错了置换反应的方程式，然后生物题要求选错误的一项我却填了正确的那个。

我一如既往地粗心，也一如既往地自负，高考志愿理所当然填了清华，还是数学系，也是想不开。最后因为差几道选择题的分数，没考上。这件事算不上是什么重大打击，但确实让我深刻地明白了一个道理：世上不存在什么"粗心大意"，稳定的发挥才是根本的实力。甚至连运气，也是实力的一部分。

人生是由无穷无尽、连续不断的选择构成，而你还在用"我只是偶尔粗心"来欺骗自己。所谓的"墨菲法则"告诉我们说，"当情况有可能变得更糟时，情况往往真的会变得更糟"，这个说法的本质其实就是：当样本足够大的时候，小概率事件是必然会发生的。换句俗话，就是"常在河边走，怎会不湿鞋，总在江湖漂，哪能不挨刀"。如果你不停止用所谓的"粗心"当借口来安慰自己，不去正视自己实力上的不足并设法改进，那你的生活，迟早会因为这

不起眼的"粗心"，而遭受不可逆的挫折。

比如，你害公司损失了一点钱倒没什么，大不了自己赔。但如果你因为所谓的"粗心"，造成了重大的财务事故，把自己搭进牢里去了呢？我有一个在银行工作的朋友，年终报表上点错一位数，几个亿的差错，差点就被判刑，幸好领导帮擦了屁股。很危险的，不开玩笑。

故事三

刚工作不久，作为一只产品狗，我的主要工作包括了一项内容——分析数据。经常会有不同部门的不同人出于不同目的而去分析同一批数据，比如说上个月的"总营业收入"到底是多少。销售部门想看下自己的业绩分配，运营部门想看下各渠道的转化效率，市场部门想看下不同活动的投入产出比，而产品狗们想看下如何优化产品流程。各做各的没什么，但事后经常会彼此校对，交叉检验，问题就来了。到了每周的高管会上，所有人都会关心核心数据，而假如各部门的核心数据居然结论不一样，那可就糗大了。

在那家公司工作的一年多里，我在数据分析的结果呈现上，从来没出过错，一次也没有。不管是什么部门的什么人，只要对方提供的数据和我的对不上，最后一定会发现是对方错了。所以别人和我校对数据的时候，我内心完全是上小学时数学老师拿着我的试卷当标准答案，来批阅其他人试卷的

打工方程组

既视感。现在打这几个字的时候，我居然有一种莫名其妙的自豪感。但更现实的收获是，开高管会时，我的领导在所有有关数据的 PK 上从来没有服过软，因为他一直相信自己背后的数据人员（也就是我）实力太过硬了。

那一年，我在公司内部连续涨薪两次，月薪从 17000 多到 25000 多，涨幅 50%。我并不觉得是自己变得不粗心了，其实我仍然经常会算错。我只是发现，人是靠不住的，一定要用流程来管控由人导致的风险。所以每次数据算出来之后，我都会从不同角度去分别验算，直到确认没有问题为止。我一直不觉得自己是一个责任心很强的人，不停地验算数据，其实是基于我心里的一种内疚感。

有句话说，买了房就是房奴。你每天一睁眼，就想起来今天又欠银行几百块钱，可你还没赚到这笔钱，于是很恐慌。但其实类似地，和公司签了合同，就要为公司干活。我每天一睁眼，就觉得今天公司又要给我发几千块钱，可我还什么也没开始做，心里真的很恐慌。收人钱财，替人消灾。验算数据，这是我应该做的，也是我应该做好的。

"言必信，行必果"，我在职场的第一个指导老师经常这样教育我，"这是你自己的声誉，你要自己去维护"。

一点小结

好了，故事都讲完了，好像也没什么可总结的。或许就这几句吧：

1. 这世界上存在"粗心"这回事吗？或许有吧，可和我无关。

2. 在我看来，只有"干得漂亮"和"能力不足"两种。

3. 用结果说话，别的，都是扯。

所谓的"粗心"，可能确实是因为"心太大"了，大到即使对自己的生活不那么负责都无所谓，大到随时可以找借口来继续糊弄自己。按理说心这么大，把小小的自己放在心上应该不困难呀？哦，明白了，肯定是因为粗心，所以忘了。

老板不等式

上下管理　撬动人脉

就算老板是蠢货，你以为自己就不是吗

负责任地说，中国互联网行业的节奏拐点，在 2004 年。

那一年，火云邪神穿着小背心挂着人字拖，谈笑间徒手用左手食指和中指的第二指节，夹住了一颗近距离射向自己太阳穴的左轮手枪子弹，随后朱唇轻启，像潘多拉一般释放出了所有互联网人的心魔：天下武功，唯快不破。

紧接着，快速迭代、小步快跑、糙干快上、敏捷开发就全来了。确实，快，几乎成了一种政治正确，也成了很多老板的口头禅。"这个一定要快""今天必须做完""本周就得上线"，一个个指点江山，挥斥方遒，粪土当年万户侯。很多人恨不得成天引用那个欧美影视作品里的老桥段：

员工：您需要我什么时候把文件交给您？

老板：昨天。

很酷，有没有？在这种盲目追求快而不关心结果是否对的魔怔趋势下，似乎骂老板是蠢货更成了员工圈子里的常态。

老板：我们需要一个婴儿，下个月就要！

员工：可是一个孕妇从怀孕到生育，需要十个月才行。

老板：我不管，给你十个孕妇，下个月我要见到一个婴儿！

笑点低的人听了哈哈一笑，甚至很多人连笑都没笑就过去了。因为老板是蠢货嘛，没办法。

真的吗？就算老板真是蠢货，你以为你自己就不是吗？老板让你快你就快，那为什么老板不问对错要你做快点时，你也不问对错的马上就快点做了呢？最后发现老板果然错的时候，你居然有脸全怪在老板头上？难道自己没有脑子？退一步讲，就算老板真的是蠢货，总不能你们整个团队都是蠢货吧？既然并不全都是，为什么事前没有一个站出来跟老板说，这事儿咱不能这么干呢？可能有人要说，公司里就是老板说了算啊，我就算说了也没用。如果一个公司只有老板说了算，而不是谁说得对谁说了算，那么这个公司就应该尽早离开。

- 如果你想都没想，就听老板的，懒。
- 如果你想了之后，还是跟着错，蠢。
- 如果你明知道错了，就是不说，怂。
- 如果你还等着出错，幸灾乐祸，坏。

话说回来，互联网这个行业确实太快了，秒新秒异，这就是事实。可面对快速的变化，最重要的并不是更快，而是要清醒。哪怕你稍慢一些但保持清醒，也比快一点但搞得乱七八糟更可能活下来。而且最关键的是，为什么老

职场尤里卡

职场30年不如一日

板会觉得慢？是真的慢么？慢，无外乎三点：

- 沟通太费劲。
- 执行不给力。
- 项目又延期。

我们分别来看。

别问，你就这么做

有的人信奉一句话，"领导负责做正确的事，员工负责正确地做事"，或者说"领导是团队的大脑，员工是团队的手脚"。总之就是，决策层面上，其他人不用参与太多，也别问为什么，老板让做就做。和你沟通太费劲，干脆别沟通了。

这个逻辑曾经是对的，但是是在上上个世纪。工业革命后，劳动分工进一步细化，每个人都只要在流水线上负责非常小的一部分事情就可以。这种劳动分工带来了效率提升。按马克思的说法，资本家就可以榨取工人更多的剩余价值了。

可现在是体验经济的时代了，创造力才是更有价值的东西。创造力怎么训练我不知道，但肯定不是靠搬砖。就算老板就是要把你当机器，你自己甘心一直这么浪费大脑吗？在你说服老板之前你自己要先知道，沟通，哪怕是费劲的沟通，价值是什么。沟通的目的，是所有人预期达成一致，然后才谈得上主动为目标而努力。而要想达成一致，就必须知道完整的信息和逻辑。

事实上，团队里不应该是"有一个大脑"，团队整体就应该"是一个大脑"。让所有人都充分明白我们在做什么，为什么要做，准备怎么做。所有人都复制一份完整的、相同的想法。这样有必要么？有的。这种看似冗余的设置，其实是为了更好地容错。随便一个想法，在实际执行完毕之前，很难判断它到底是否完全正确。所有人都可能犯错，但所有人同时犯错的概率会小很多。同一个想法让团队所有人来交叉检验，才更可靠。这就是沟通的价值。

去告诉你那个迷信互联网思维的老板，"互联网教父"凯文·凯利在《失控》里曾经说过，"蟑螂的一条腿断了之后，它不是习得了新的用五条腿走路的方式，而是及时自我调整为新的步态。原因在于，它的六条腿都是自治的，每条腿都可以管理好自己，并不必须依赖一个中枢的全面指挥"。一个由人类组成的团队，稳定性不应该还不如一只小强吧。谨慎地提醒老板别太自信，罗素说过，"过分的自信很容易使人产生毁灭性的傲慢"，而世界的糟糕之处在于蠢货太自信。

觉得不必沟通照做就行的人显然是蠢货，因为他不把你当人而是当机器。假如你居然就这么听了也这么做了，那你说你自己是不是也很蠢？

笨死了，还不如我自己来

很多时候，老板对你给出的结果很不满意，认为你浪费了团队的时间。如果他是拍脑袋还好，你能明确地知道错不在自己。但就怕有时老板是对的，你确实做得不理想，你面对他的爆发无法反驳，然后工作积极性一落千丈，每天混吃等死。但事实真的如此么？

我有一个领导，人很好。有一次看我边加班边叹气，就主动问我什么事。我说其他人交出来的结果我不满意，还要自己再改一遍，感觉很浪费时间。他说："你要给新人犯错的机会，他们才会成长，你才能把更多事情交出去，然后去做更重要的事，你才能成长。你看你现在成长很快，我就可以去做别的了。"我回头想想自己当初犯过的那些低级错误，深以为然。所以要给新人犯错的机会，团队才能成长。可新人总犯错怎么办？

我有个同事，发现总有不同的人跑来问我相同的问题，就问我，"你是不是喜欢和人聊天？"我说不喜欢啊，感觉他们笨死了天天问。他说，"那你干嘛不一次性写个文档让他们自己看？"我说懒得写啊。他说，"比懒得理他们还懒得写么？"我恍然大悟。原来看似勤奋地写文档，是为了更好地"偷懒"啊。如果一件事只有你知道，那你并不是在产生价值，而是变成了瓶颈。只有当你可以输出提到个人悟性和努力的时候，我经常会举我毕业不到五年就年薪百万的例子，但这个同事做到年薪百万只用了四年。这就是思维方式的差距。所以，告诉你那个自以为是的老板，就算他样样全能也没法事必躬亲，必须要给新人犯错和成长的机会。而如果新人总是犯错却没有成长，更可能是因为带队的人变成了瓶颈而不是动力。好的领导，不是告诉你怎么做，更不是只会指责你做得不对，而是向你传授做事的思路，并且给你必要的支持让你去犯错。

觉得"新人就该无师自通"的人显然是蠢货，因为他不想在你身上投入却盼着你能产出。假如你居然就这么听了也这么做了，那你说你自己是不是也很蠢？

我不管，反正不能延期

以前我们只有新闻联播可看，所以我们总以为火箭发射就一定会成功、五年计划就一定会实现，后来才发现，并不是这样的。等到上班以后我才知道，项目成功上线的概率，比火箭发射失败的概率还要低。真的被墨菲法则说对了，只要事情有可能变得更糟，它就会变得更糟。但是当项目延期后，你回头去看，很可能会发现，谁都没做错什么，一切都挺好的，但还是延期了。不可控的因素实在

是太多了，而且根本不可预知。

有一种特别蠢的老板，在这种时候就会说："我不听我不听，反正我要的是快。"就像一个大型巨婴。如果你真的觉得这时的老板不可理喻所以不去辩驳，那你就完了，入坑了。所以说现代社会就是一个需要交叉复合型人才的时代，谁能想到跟老板相处还需要读几本《发展心理学》教材呢？老板扮演巨婴，你就得 cosplay 幼师。垫尿布这种事，你不能等尿都流一裤子了才想起来，得是刚喂奶的时候就垫好。

为什么会延期？很可能一开始时间规划就不合理。特别是面对那种"这有什么难的，不就加个按钮么"或者"你改了这几次，我觉得还是最初那版好"的脑残老板，这种事情更是家常便饭。但问题是，别人是巨婴，你不是啊。而且，锅在老板手里，到时就往你背上扣。你不提前说，到时就是你的锅。那怎么叫醒一个装睡的人呢？大热天的，把空调给他关了。一开始就明确告诉他，"对不起啊老板，得按做事情的方法来做。尽力只能保证尽力，不能保证结果。你不停地指责刀枪也不可能刀枪不入，你再怎么事后扣我工资，项目也还是上不了线呀。"

觉得"冲冠一怒改变世界"的人显然是蠢货，因为他不想去理解客观规律却盼着扭曲客观规律。假如你居然就这么听了也这么做了，那你说自己是不是蠢？

一点小结

沟通，是后续顺利推进的必要准备。

执行，是事情从无到有的必需成本。

延期，是规划不合理时的必然结果。

所以你看，有时老板嘴上嚷嚷着要更快，还不够快，可其实他所认为的那些慢根本就不慢。而且相比于快慢，更重要的，应该是对错。

在说到"理财"的时候，很流行一句话叫"你不理财，财不理你"，可是在职场上遇到蠢货上司的时候，却刚好反过来，"你不关心蠢货，蠢货就会来关心你"。为什么？因为赚钱是好事、被坑是坏事，坏事永远是自动发生的，而好事却往往需要持续努力。好好关心蠢货，才能好好赚钱发财。

职场30年不如一日

工作不是赛跑，"慢"其实比"快"好

现代社会节奏越来越快，人心容易浮躁。前几天米拉找我"挂号"，问了一个很多进入"而立之年"却还没"立"起来的人都会疑惑的问题：我的生活要怎么样努力才能变好？

米拉说自己年轻时雄心壮志不可一世，但日子过着过着总不是自己想要的样子。着急了，上火了，想快速提高自己改善生活，于是一下子列出了自己未来要做的八件大事，问我应该先做哪几件比较好。我搭眼一瞧，好嘛，我自认不算笨的也感觉随便哪一件都得花个好几年，而米拉居然问先做哪几件。

想快，更要慢下来思考

我说："咱先不急，冷静一下，我很好奇，你为什么要做这些事？是为了学习知识本身，还是改变自己的三观，还是用来赚钱？"米拉纳闷，这有什么区别么？

有的。比如我当时考 CPA 注册会计师，就是为了改变我看待世界的角度。

我一方面想扭转自己对于会计无用的偏见，另一方面想知道CPA号称最难通过的考试之一，到底有多难。考完后深感确实有用。现在我对会计、审计等行业，对于我自己的学习能力和执行能力，都有了新的认识。但我不是为了学知识，因为考点什么的我已经忘光了。而且也不是为了改善生活，这个预期在我开始学CPA之前就已经确定了。我一直明白自己在做什么，想要得到什么。你呢？你得知道为什么要做，才有可能真正做好。

米拉说："我年龄不小了，三十多了，得快速做决策，没有那么多时间想太多有的没的了。"时间不多了，你以为自己是谁啊？张起灵吗？你是要尸变了吗？越是需要快的时候，越说明你万一决策错误的话，损失会非常大，正因如此你才感到急迫。可正因如此，你才更需要慢下来、冷静下来，尽可能地做出一个最不容易后悔的决定，这才是真的快。你车开得再快，方向反了，有什么用？真以为地球是圆的就不存在南辕北辙了？如果开的不是海陆两栖坦克的话，你还是最好小心别开到海里。

胳臂老王

给你讲一个小故事，关于我的健身教练"胳臂老王"。所有对健身塑型有点概念的人，都明白要想维持好身材，

职场30年不如一日

一般都绕不开"深蹲"这个动作。那天我正在猛练深蹲，老王路过看着我直皱眉。那表情，就像一个处女座 A 型血的洁癖控制狂看到一只浑身沾满屎的大金毛正在一块刚洗干净的纯白色毛毯上疯狂甩动全身时的样子。

"你，你你你，停！"老王第一次跟我说话就连续用了大量的第二人称代词。"小伙子，你不能这样，你这样练了多长时间了？一个月？好家伙，你再这么练一个月，腰肌就全废了，下半辈子的性福就全毁了，懂吗？健身最重要的是什么，知道吗？是不要受伤！伤筋动骨一百天，所有积累全完蛋。"然后他免费帮我纠正了半天动作，我觉得确实很有用，于是就买了他的私教课。

老王是一个屁话很多的人。有一次他趁组间休息的时候问我，"你平时是不是爱看电影？"我点头。"《第一滴血》看过吧，史泰龙面朝大海把脑袋插水里做俯卧撑，浑身的肌肉"，说完，他比画了几下。我说，"对，挺帅的！""以后别看这种电影，都骗傻子的，那样练一辈子也练不成史泰龙。"我一脸懵逼，不让看你提啥。我说，"那应该看什么电影啊？"老王掷地有声，"看他妈什么电影，好好健身，再来一组。"

练了几次深蹲，我觉得自己已经慢慢找到正确动作的感觉了，就问老王，怎么才能快点把腿练粗。老王风骚地把运动短裤一撩，"看见没，知道这么漂亮的肌肉是用什么练出来的吗？"我说，"是硬拉和深蹲吧。"老王说，"不是，是用脑子。"边说还边指指他硕大斜方肌上面的小脑袋。"你越想要快，就越得提前规划，科学地规划，然后做好保护，量力而行，稳扎稳打，这样才是最快的，没有捷径。你不会以为随便练一下就能练成我这样吧？"老王冲我笑。我说，"不会的，我又不是脑残。"老王说，"不错，你不光有脑子，而且还开始用了。"

最后一节课结束时，老王给我总结了一堆以后自己练习的注意事项，最后问我，"还记得吗，健身最重要的是什么？"我说，"记得，是不要受伤。""错了！"老王指指自己的小脑袋，"是用脑子。学会了用脑子健身，自然就不容易受伤。"

慢不是等，是积累

现实生活中不乏喜欢抬杠的人，他们看完上面的故事就会反问，"那思考的时候也要快呀，而且思考了半天还可能出错啊，还不如快速试错，错了重来。"听起来很有道理啊！可他们错在哪儿呢？其实，是误以为思考只发生在决策时。可你为什么要死等到决策的时候，才开始思考呢？不要等，平时就要不停地思考，去积累。

职场30年不如一日

日日尤里卡系列

呀！切个土豆吧

我从来没有专门学过怎么用菜刀，第一次切菜的时候都二十多岁了，但当时刀法就还可以。切了几次之后，土豆丝切得越来越细、越来越均匀，基本上可以满足家常菜的要求了。有一次，老婆问我是怎么学会的，要经常练习么？我就开始回忆自己到底是怎么学会吗。

大概是 8 岁时，我待在奶奶家。夏天，天很热，没法出去玩，所以就百无聊赖地观察奶奶在干什么。她在切土豆丝。那个菜刀我是偷偷掂过的，特别重，简直就是玄铁剑的手感。可是奶奶拿在手里感觉没什么分量，而且切得极快，一家人吃的 4 个大土豆，她"灯，等灯等灯"地就全给变成了土豆丝。"奶奶，你为什么就切不到手呢？"我特别困惑以至于不由问出了声。奶奶当时气得瞪我，"你个小崽子就盼着我切到手啊？一边儿玩去！"

现在奶奶已经不在了，也没人瞪我了。但那时，因为奶奶切菜的节奏感实在太让我着迷了。于是我开始分析她的动作：左手四指弯曲，第一指节突出卡在刀侧面，右手快速小幅度上下，但刀始终贴着左手。在这个过程中，左手慢慢匀速回收，右手持刀跟进，只要退的速度和切的速度配合好，不管切什么都能切得一样细。刀侧面卡在左手突出的指节上，难怪切不到手。我站在奶奶旁边开始假装切菜比画，估计一脸认真看起来很蠢，把奶奶逗乐了。她边笑边问我在干嘛，然后还边切菜，仍然没切到手，真想给奶奶点赞。这个切菜小技巧在脑子里演练过几次之后，就没再用过。存放了十多年，再调出来，发现还是能用。

后来读了心理学，知道美国的一个心理学家班杜拉，把这种通过观察别人就能自己习得新事物的现象，叫作社会观察学习。那个夏天的午后我无所事事，却阴差阳错地积累了切菜技巧，谢谢奶奶。

飘一次头文字 D

有一次和朋友们一起玩卡丁车。场地不算小，好几个不同角度的弯道。我们想搞个小比赛。当时大家都坐在二楼看台，场地一览无余。我就开始饶有兴趣地研究这个赛道，盯着某几辆车分析它们的过弯路线，幻想如果是我应该怎么操作。不过说来可笑，当时的我连普通汽车都不会开，对赛车的所有知识仅来自于《头文字 D》里的几句台词——"外侧切线入弯"，好像是这样吧，从物理学上来说，比较符合常识。估计我的表情变得像当年盯着奶奶切菜时一样蠢，旁边一个朋友拍拍我说别太在乎输赢哈。我只是笑了笑，可我真的不在乎输赢，我就是认真而已。比赛开始前，场地教练跟我们讲解规则：一共 10 分钟，随便开，以每个人的单圈最好成绩定输赢。

发车后，"嗷"地一下大家就冲出去了，很刺激。我当

职场尤里卡

职场30年不如一日

时觉得，不要太着急，要认真玩，才能玩得开心。于是先慢慢悠悠开了一圈，熟悉了一下场地，毕竟看台俯视和车里平视感觉还是不一样。第二圈时，我提速开始找过弯的感觉，发现"外侧切线过弯"非常违反人类直觉，明明内侧过弯好像更爽啊。接下来我正常开了几圈，觉得对车和路都有点底了，大家的车距也拉开了，胆子就大了。然后油门踩到底开了两圈。因为整个路线和过弯的角度都已经记在脑子里了，所以油门轰到底也没觉得变快多少。但说实话，结束后是要吐了的感觉。

结果比完下来，我是冠军。教练分析主要原因是：他根本不会开车，所以没有受常规知识限制，反而开得不错。我觉得很有道理。领奖的时候我拿着道具奖杯一脸严肃，朋友又让我别太在乎输赢，我依然只是笑了笑说不出话来。我真的不在乎输赢，我只是晕车想吐。

让世界变慢，你才能变快

观察学习、脑内模拟、摸清规则、循序渐进，我觉得所有游戏都是这样慢慢上手的。这也是电竞领域里的很多牛逼玩家，在切换游戏后往往仍表现不俗的原因吧。因为他们的思路是对的，所以成长很快。但话说回来，人生，难道不就是一场"大型真人互动永久在线游戏"吗？希望你也能找到自己的节奏，玩得开心。可是，有时候由不得你来掌握节奏呀，老板天天叫着"快快快"，急着去投胎一样，你怎么办呢？所以找到一个好老板就显得很重要了。

到底什么样的老板才是"好老板"呢？下篇接着说。

在拳击比赛里，裁判并不是根据两个选手谁出拳的次数更多更快来决定胜负的，而是要看谁的拳打得"稳、准、狠"，能得到更多技术得分，或者干脆抓住机会将对手一击倒地。工作其实也是一样，单纯追求"快"，是在用战术上的勤劳掩盖战略上的懒惰，毕竟"选择比努力更重要"，别动作太快选错了方向，却又在错误的方向上努力太多。

职场30年不如一日

老板最多背黑锅，而你却会变炮灰

越好的领导，越自私

前两篇举了很多真实的例子，可能还扯了很多人生大道理，有点像鸡汤。但我听过一句话叫"当你拿着锤子时，看什么都像钉子"，挺有道理的。作为一只前互联网产品狗，我觉得世间万物都是"产品"。互联网产品当然是产品，传统行业的产品也是产品。而且不光东西是产品，人，也是产品。你自己是产品，你所在的团队也是产品，而你的老板，也是产品。

"生活"这个产品

在"你的生活"这个产品里，工作模块重要性如何，能解决什么生活需求？工作只是生活的一部分，是为生活服务的。简单来说，工作是为了更好的生活，和更好地生活。"更好的生活"，是说生活作为一个"名词"变成了更好的状态，所以前面用的是形容词才会用的"的"。而"更好地生活"，是说生活作为一个"动词"变成了更好的过程，所以后面用的是副词才会用的"地"。工作不应该占据生活，更不应该吞噬生活。如果你的工作不能让你生活得更好，就该果断丢弃它。

"工作" 这个产品

在"你的工作"这个产品里，又涉及哪些因素，哪个重要、哪个可控？我以前以为工作中最重要的：可能是好的平台，来确保成长空间；可能是好的公司，让自己履历漂亮；可能是好的薪水，以维持生活水准。后来我发现，这些确实重要，但并不是最重要的。工作中最重要的，是遇到一个"好领导"，至少在互联网行业产品经理这个领域里是这样的。

产品狗这个工种从出现至今还没太久，还没标准化到可以让所有入门者都能规模化地自学成才。不过说实话，哪个行业到这种地步了呢？医生这行当几千年了，到现在各个医院里还在采用一部分类似学徒制的设定。基础教育可以尽量做到标准化的输入和产出，可更高级更个性化的职业训练，一定是面向非标准化的人。毕竟，人才是所有环节里最重要的，也最有价值的东西。遇到适合你的人，是你生而为人的一大幸事。

"老板" 这个产品

在"你的老板"这个产品里，Ta 的哪个特质是决定产品好坏的关键要素？找老板时，Ta 的什么特质最重要呢？我觉得有很多品质都很重要，但如果非要挑最重要的一

职场30年不如一日

个，可能是"精致的利己主义者"。这个词最初的意思是什么我不知道，似乎有些贬义，不过对我来说，这个称号真是一种莫大的褒奖。很多人觉得自私自利是不好的，其实真正不好的不是自私本身，不好的是低级的自私。

低级的自私，说白了就是蠢嘛。蠢到误以为别人不自私，误以为别人看不出自己的自私，误以为自己可以通过这种低级的自私而长期获得好处，愚不可及。高级的自私，永远是把自己的长期利益放在第一位，更像是保护自己，而不是伤害他人。如果你足够自私，你就会希望，通过好名声能在大多数事情上都"不劳而获"。而如果你又足够有智慧，而不是爱耍小聪明，那你就会在所有无关紧要的小事上主动拒绝"占小便宜"。所谓"夫唯不争，故天下莫能与之争"。

可能真的是走狗屎运，我在工作中每次都真的遇到了"好领导"。他们的一个共同特点是：几乎从来不教我具体怎么做事，而永远在告诉我，应该如何去做人。因为做事，就是做人。

做事，就是做人

有段时间我们经常加班。不是因为事情多，而是因为系统要频繁升级，而升级时会影响公司内部员工使用，所以只好等别的员工都下班了，连加班的苦逼孩子们都下班回家了，我们才能在公司的工位上开始升级。升级调试又可能会遇到问题，回滚版本、修复 bug、重新上线、再次测试，一不留神就快半夜了。但我觉得这种加班毫无必要：都是自己人嘛，应该互相体谅一下。"你们今天下午就先不要用了，等我们用半小时升级完了再用不好吗？"干嘛为了你说不定什么时候可能会发生的几次小操作，我们十几个人就傻等好几个小时？我们也没多拿工资啊，这不合理。然后我就试着和别的部门沟通，人家当然不同意。"升级从来就应该是半夜，那是你们自己的问题。"无法反驳，我就私下去找领导求助，希望行政资源能解决行政问题。结果差点被骂死。

　　"你的智商不至于会这样思考问题吧？"他像看脑残一样看着我。"首先，是谁要升级？是你。你自己的事，凭什么要求别人必须配合？你还有理了？其次，是谁的问题？还是你。如果你够牛逼，升级同时不影响别人使用，那你爱怎么升怎么升！做事的时候不牛逼，做人倒挺会摆谱啊。再次，出了事谁负责？你说下午停半小时升级完了再用，升级真的只需要半小时么？那为什么你们每次升级调试都会忙到半夜？如果下午升级系统挂了，出了线上事故，算谁的？你怎么敢默认系统升级是能顺利完成的，你是第一天上班？最后，你的脑子进水了，你以为我的也进

水了？跨部门越权使用行政级别来压事，是嫌我麻烦不够多吗。如果这么点加班就能解决的事，你都需要我作为领导去出面解决，我要你干啥？你要是我，你开不开除你自己？"

我想了想，觉得他说得太对了。而且他瞬间炸毛骂人的时候，还能理出一二三四，真是个牛掰技能，服！我点点头说，"好的，那我去加班了，你就当我没来过。"要不怎么说情商高的流氓你根本挡不住呢，他一看我认错，瞬间整个人平静了，走过来拍拍我肩膀，语重心长地说："这不是谁的部门、谁的项目、谁的责任、谁的锅，这是你自己的工作。永远不要盼着别人替你承担代价，因为你控制不了别人。比如我，我不会替你背黑锅的，因为这样对你没有帮助。是你自己想要成长，不是别人。永远把自己的成长，掌握在自己手里。"

我想起《大话西游》里唐僧唱的那首歌"背黑锅我来，送死你去"。可能会有很多人觉得，愿意替下属背黑锅的领导应该算是"好领导"了，可是万一真有一天 Ta 让你去送死呢。回头看自己一点点走过来，其实真的很感谢遇到的这些自称连黑锅都不会替我背的"好领导"。因为当我知道出了事只有自己死路一条时，我才会更拼命地去想如何才能保证不出事。这种对于老板"极度自私"的认知，让我也变成了一个"极度自私"的人。工作时，我满脑子想的，永远是"我自己怎么样才能成长"。与成长相比，背黑锅甚至是送死，似乎都不那么重要了。我的锅，我自己背。我的成长，你们谁也别想拿走。

到底谁是蠢货

在面对生活中的不爽时，把责任一股脑儿推给别人是非常轻松的。"这全都是那个 Low 货的错"，"这全都是那个贱人的错"，我们骂得可痛快了，然后觉得自己特别无辜。可是我们再回过头去看一下，什么是 Low 货？还不就是那些成天觉得别人都欠 Ta 的，遇事永远在别人身上找原因的，宣称"这都是你们的错"的贱人吗？如果一个人成天都觉得问题是 Low 货们造成的，在 Low 货们身上找原因，宣称这都是 Low 货们的错，那这个人是什么？一味地抱怨 Low 货，只会让我们在反对 Low 货的时候，自己也变成一个 Low 货。

谁都会有心情不爽的时候，谁都会有想要骂娘的时候，人之常情。但凡事有个度。如果一个人看不到黑暗，那是因为盲目乐观。但如果一个人永远只看到黑暗，那是瞎呀。那应该怎么看待工作中遇到的不同的老板呢？如果遇到一个好老板，那就抓住 Ta，让 Ta 带着你使劲飞。人际关系的本质，就是互惠互利。如何进入更牛的牛人圈

职场30年不如一日

子？先变成你自己现在圈子里最牛的人。如果遇到一个蠢货老板，不要指望 Ta 来替你背黑锅。你把各种失败的责任推给 Ta 是没用的，就算你一时爽，可最后被现实碾成炮灰的，仍然是你自己。

　　说别人是 Low 货，然后把责任都推到别人身上是非常容易的事，但 Low 货的定义不就是贪图容易所以就把责任都往别人身上推么？千万不要在抱怨别人是 Low 货的时候，把自己先变成了自己所看不起的 Low 货。

怎么帮领导背锅才更有前途

这是一篇关于"如何帮领导背黑锅,更有利于自己前途"的文章,怎么样,这个主题是不是听起来有点腹黑、有点下贱?不要急,高雅的内容就在后面呢。

在我刚刚上网的那个年代,我们都用 BBS(暴露年龄了)。那个时候加入一个 BBS 或者论坛,置顶帖里一定会有一篇"加精"的文章,是关于如何正确提问,或者提问技巧的文章,核心目的就是在你开始发帖提问之前先告诉你:怎样在论坛里提出一个有价值的问题。

比如说,我们这次文章的主题"怎么帮领导背锅更有前途",就是一个值得讨论的好问题。而一个差的问题是什么样的呢?就是"我不想帮领导背锅怎么办"如果你问出了"我不想帮领导背锅怎么办"这个问题,就说明首先领导想让你背锅、其次你不想背、再次你并没有不背的能力,所以你才会发泄式地发出一句幽怨呻吟,问"我不想帮领导背锅怎么办?"那么,既然是在不得不背的情况下了,与其吐槽抱怨,难道不是知道"怎么背黑锅更有利于自己的前途"才更有价值么?

怎么背呢？划一下重点：一定要有目光的接触。

与司机对视

我在学会开车之前，过马路的时候从来不看车，因为我觉得司机一定来得及把车停住，而不会撞到我。后来我学开车以后，才发现根本不是那样，如果我是司机，我很担心自己是不是每次都能及时停住。所以从那以后，每次过马路我都会专心看车，以防被撞，再也不敢仗着交规装大头了。

而且我发现，会开车的人和不会开车的人，过马路看车的方式也是不一样。不会开车的人呢，就真的是在看那辆没有生命的汽车，看车头离自己还有多远、速度如何、是否安全。而会开车的人呢，即便变成行人走在马路上，也会抬头去看车里边的司机，跟司机进行目光的接触，确认司机有没有看到自己。两个人类个体，互相一对视，瞬间就能知道对方是不是发自内心地想把你撞死。

当司机清醒地意识到你是一个活生生的人之后，他及时刹车的可能性也更大。特别是准备过马路时，即使车已经停了，你最好也看看司机正在忙什么。如果他确定看到你了，甚至还看完你之后不耐烦地瞟了一眼红灯，那你再过马路才是更安全的。万一他只不过是随便停在那里，人却在玩手机，一不小心溜车了或者想踩刹车踩成了油门，还是可能会撞到你。所以过马路的时候和司机进行目光接触，更有助于自己了解司机的真实想法，从而避免自己替司机的不谨慎而背黑锅。

与领导对视

一样的道理，在职场上，你难免要当众背黑锅。这分两种情况：

如果领导已经提前跟你商量好了，麻烦你当众背一下锅，挽回自己的一些颜面，那么你在背锅的时候，记得要和领导目光对视一下，确认你们之前的承诺还有效。这个眼神未必能让领导违约的可能性降到 0，但毕竟能让你在事后提醒他补偿你时，起到一定的心灵震慑效果。"皇上，你还记得大明湖畔的夏雨荷吗？"

如果领导没有事前跟你商量，突然当众临时把你扔出去顶锅，怎么办？你的本能反应肯定是"我内心是拒绝的"，但不要急于按第一反应做事，以免造成不可挽回的后果。最好，马上扭头看领导一眼。领导把锅甩给你来背，他心里多少会有点虚的，所以他可能不太愿意和你目光对视。但不要紧，你就紧紧盯住他，不要带什么感情色彩，等他躲不过了，也回头和你目光对视。不用担心他全程不

职场 尤里卡
职场30年不如一日

看你，他明明在说你应该对此事负责，怎么能全程不看你呢，显得太不正常了。只要你盯紧，他迟早会看你一眼，和你对视。对视之后，你们在目光中就达成了共识：OK，我可以帮你背这个锅，但事后我会回来找你的。

所以为领导背锅的时候，一定要和领导进行目光上的对视。这个听起来有点玄学的意思，跟领导对视真的那么重要吗？我们都听说过《皇帝的新装》吧，所有人包括皇帝自己都知道自己什么都没穿，这是一个大家共有的知识，但是它没有变成一个公共的知识。但有一个小孩子说出来了，大家恍然大悟，原来所有人都知道皇帝什么都没穿，于是这个共有的知识就变成了真正的共识，皇帝也没法再继续装下去了。

你帮领导背锅的时候，领导其实一定知道你是在背锅。如果领导以为你不知道他在故意让你背锅，他可能就会利用你显露出来的无知，事后也不补偿你。但如果你跟他目光对视、达成共识了，事后再向他寻求补偿，他就没有办法逃避了，因为"他知道你知道他知道了"。就像过马路的例子：如果司机和你对视过了，明明看到你正在过马路，还要踩油门撞你，那他就不是交通意外，而是故意杀人了。关键是，他也知道你心里也明白这一点，所以他就算真想怎么样，也不太敢动手了，你就安全了。因此，你事发时当众背锅，事后私下求偿，这样对你的前途就有帮助了。

　　当然，也有可能，你帮领导背了锅，甚至是他事先承诺好的，可事后你去追究时他却翻脸不认账了。即便如此，这次背锅对你的前途也是有利的。为什么？这种言而无信、坑害下属的领导，显然人品非常差。那这时候，你尽早地识别出了一个不可能在关键时刻帮助你的领导，不应该趁自己没吃更大的亏，赶紧跳槽走人吗？

　　所以，和领导目光接触，并不是为了看看领导帅不帅，也不是为了看看自己在领导眼中长什么样子，而是想让你和领导在这一点上达成共识，就是：我知道你知道我在帮你背锅，以后你更要罩着我，因为我已经帮你做过"坏事"了。都说帮领导做十件好事不如陪领导做一件坏事，把你背的黑锅，变成对你前途的助益吧。

　　一件事，我知道、你不知道，那我就可以利用这一点来欺负你，直到你也知道这件事为止。可是，仍然是这件事，当我知道你知道这件事，而你不知道我知道这件事时，我又可以利用这一点来欺负你了，直到你也知道我知道你知道这件事为止。

学会管理老板，教他学会管理你

是的，我又给自己找了一个健身私教，不过这次换了个女教练。原因其实很简单：当时我刚健完身在休息，心里想的是过年吃太多了，体脂率变高肚子都出来了，明天要问问私教情况买几节课好好练一下。然后这位教练路过看到我，就冲我点了点头。我也习惯性地回点了一下。很快，她就拿着私教记录本过来问我愿不愿意了解一下私教课程。我觉得这种巧合，肯定有偶然性在里面，但初步沟通过程中，交流的感觉很好，既不觉得过分热情，也没有那种陌生人之间的生疏感，距离把握得让我觉得很舒服。其实私人教练、私人医生、私人律师这种看似靠出售专业知识来换取劳动报酬的雇佣关系里，两个人气场是否合，也非常重要。因为这意味着你们后续的合作能否相对顺畅。

眼缘

我换过的工作不太多，但每次都是因为和直接上司气场非常合，或者说两个人彼此都很有眼缘，于是后续的合作也都非常愉快。

第一份工作的领导跟我说，来我这边吧，其他面试官给我的反馈说你能力一般，但我觉得他们根本不懂你，我这个组就需要你这样的人。

第二份工作的领导跟我说，别人向我推荐你，我很信任他的推荐。我有什么说什么，我看不出你能力到底强不强，但我觉得我敢把事交给你做。

第三份工作的领导跟我说，我觉得市面上现在不太可能有人给出比我现在更好的 offer 了，我为了你把 HR 逼得很惨，因为我觉得咱们是一类人。

类比职场

心理学研究表明，两个陌生人第一次见面的前 10 秒钟，就已经形成了比较确定的第一印象。而在概率层面上，80% 的第一印象都是准确的。所以，选取合作者时，一定要选那些让你第一印象很好的人，更何况是选择一个能够决定你工作前景的老板。当然，有 20% 的第一印象是错的，可你并不知道是哪 20% 呀！把这错误的 20% 挑出来所花的成本，远大于让错误就那么错着带来的损失。因此，我们都知道第一印象并不全对，但我们更应该知道"相信第一印象"是性价比更高的方法。

职场尤里卡

职场30年不如一日

生理

让我决定购买这位女教练课程的第二个大原因，就是生理层面的因素。

首先，运动学研究结论很清楚，对异性恋而言，当运动环境中有适龄异性出现时，个体的性激素分泌水平会上升，而睾酮的分泌会直接提升运动表现及肌肉的生长速度，对于想增肌的我，是一大利好。同时，由于这位异性是教练而不是普通学员，所以她的运动学专业知识，可以很好地对冲掉男性由于想在女性面前过度表现而可能受伤的风险。

其次，她自己也受过伤。这个乍一听似乎不合常理，受伤经历对一个要预防学员受伤的教练而言，为什么会是加分项？因为我天生肌肉基因就不太好，增肌效果一直很缓慢，爆发力也一直上不去。在这种情况下，我的增肌过程势必是一个不断突破自己极限的痛苦之旅。而运动过程中，最害怕的就是受伤。伤筋动骨一百天，一切就全毁了。所以不受伤，在运动中是最最重要的事情。而教练自己受过伤，那么她反而会更加知道受伤的痛苦，也会在运动中更注意保护学员的安全，不会为了一定要突破极限，而导致不必要的风险。

类比职场

其实请私人教练健身，本质上也是在给自己设计一个塑形产品。那么作为一个用户，从产品经理的角度来思考，最重要的就是代入用户真实场景。我需要预想到，我如果跟着这位教练来练习的话，画面会是什么样的：

- 这里会有什么好处，这些好处有多好，从别人那里是否也能获得。
- 这里会有什么坏处，这些坏处有多坏，别人那里是否也有类似问题。

上次有人问我，说入职之前其实很难知道公司里面到底是什么样的。还有人问过类似的更宏观的问题，说入行之前很难知道行业真实情况如何。这种说法看似都对，但却错得离谱。因为按一样的逻辑，每个人都得先活上至少一次，才能明白该怎么活吧？那现在所有活着的人岂不都是在瞎活？人和动物的核心区别，就是人有语言，可以相对高效地交流。你直接找目标公司里的员工仔细问问，特别是找那些离职员工问问负面消息，不就能有一个大概认识了吗？虽然肯定不如你进了公司干上五年那么清楚，但是毕竟不至于一无所知呀。充分利用有限信息以避免错误决策，是每个并不全知全能的人，一生都在不停地做的事。

而我在这个过程中学到的最有用的技巧，就是代入用户真实场景，真的脑补那个画面发生时是什么样子的，看

职场30年不如一日

看有哪些因素是真正重要的。只要大方向暂时没问题，那就可以放心投入，细枝末节留作悬念，不要浪费决策时本来就有限的认知资源。

上面这一段，是在说如何挑选一个靠谱的老板，让你能愿意被对方管理，这是大前提，如果你和老板有仇，还是快离职吧，后面不用看了。

下面这一段，就要说面对靠谱的老板，如何设计套路，让对方被迫主动管理你，这个是大智慧，不仅是长期，仅从短期看，也会对你非常有好处。

选定了这位女教练之后，当然就要交钱买课了。健身房都是一次买得越多，单价越便宜，看起来越划算。但事实上呢，大约 95% 的会员在办卡之后，来的次数不会超过 5 次（算上单纯来洗澡可能会稍微多些吧）。而买了私教课的人呢，稍微好一点，只有 85% 的人是白扔钱不上课。而健身房之所以能赚钱，也完全是因为这一点，"喜欢花钱表决心，但最后是扔钱换糟心"的不理性的人太多了。我深知人性都是懒惰的，光靠自己的意志力，几乎不可能坚持上完所有私教课，也就不可能取得我消费时想换来的一身腹肌。那怎么办？自己很难监督好自己，就花钱逼别人来监督你。

我跟教练说，我就只买 10 节，上完了我再续 10 节，每次 10 节，怎么样。教练当然不乐意，说这样很麻烦，没有这样卖的。我跟她说了赵本山的名言，"那是你早没遇见我，早遇见我，早就这样卖课了。"后来也就这样 10 节、10 节地续起来了，我觉得效果确实会比一下买 100 节好很多。为什么这么一个小改动（实际上我因为每次买得少，单价还贵了几十块），就能起到更好的健身效果呢？有两个大的原因。

理解对方的 KPI

KPI 设定的逻辑，就是以鼓励你更多地完成关键指标为目的。

我之前认识一些私教朋友，知道健身房里的教练是怎么赚钱的。比如健身教练，KPI 就是 3 个：出勤、卖课、上课。那我就需要让自己的 KPI（长出一身腹肌）和对方的 KPI 拟合起来。所以我肯定不能一下买很多课，因为那样的话，教练短期就很难再从我身上榨取到售课业绩了。而带课的话，她带谁的课不是带，未必非要带我的课呀。

设想，如果她只有两个学员：一个买了 100 节课，短期不太可能再买课了；另一个只买了 10 节课，上完很可能就会再买课，增加她的售课收入。这时她会给哪个学员打电话催对方来上课呢？这时，即便我是那种教练叫我我才来、不叫我我就不健身的废柴，我也通过把对方的

销售 KPI 和我被迫出勤的 KPI 绑在了一起，从而强迫对方主动。

类比职场

强行联想一下职场，你有没有过傻乎乎地把自己置于被动处境的时候？老板到年底要发年终奖了，你和小明两个人表现都不错，你刚谈了恋爱、结了婚、买了房、生了孩子、换了车之类的，小明没有，老板会把大红包发给谁？老板会不会因为觉得你穷你需要钱，就好心地给你更多年终奖？傻不傻，这样做对老板有什么好处？老板的 KPI 是团队稳定性，或者说人员流动率，你和小明表现都很好，在人才市场上都很受欢迎，老板当然怕你俩跳槽走掉，所以要高薪挽留。可是你缺钱啊，你不敢随便换工作呀（换工作的最大成本在于去新公司如果不适合的话浪费很多时间，即使很适合的话也要浪费一年加薪机会），所以即便年终奖给你少发一些，你也不太敢辞职。所以，老板会把大红包发给相对不那么缺钱的小明。

我不是在鼓励你不要恋爱、不要结婚、不要买房、不要生孩子、不要换车，而是在告诉你，如果不理解老板的 KPI 是什么，你很可能会让自己陷入被动境地。

调动对方的积极性

一次只买 10 节健身课比起一次买 100 节，还有一个大的好处：就是让 deadline 提前到来。"最后期限"提前了，有什么好？不会更焦虑么？焦虑本身没有什么不好的，只要你能合理地利用它，焦虑就会变成效率。

试想一下，如果这位女教练面对两个学员：一个买了 100 节课上了 9 节还有 91 节课，暂时不需要说服他继续买课。另一个买了 10 节课上了 9 节课还有 1 节，要赶紧让他买课，不然就流失了。那么当这两个学员在健身时都出现偷懒情况时，教练会对哪个更严厉？当然是课少的那个，因为他的"最后期限"马上就到了。如果期限到了，第二个学员没看到身体有什么明显的进步，是不是会怀疑教练不专业？是不是会怀疑健身没效果？是不是会怀疑钱白花了？绝对不能让这种事发生！所以教练会力图把学员的最后一丝力气榨干，让他最快看到可能的健身成效，从而反过来确保了学员的钱不会白花。

类比职场

我带过一些实习生，他们都跟我刚工作时犯完全一样的错误，不懂不敢主动问，做错不敢主动承认，延期不敢主动说，被误解不敢主动澄清。这都是最要命最完蛋的工

职场30年不如一日

作方式，因为你一次又一次放弃了成长的机会，永远在原地踏步。而如果你的情绪控制能力差一些的话，你会变得越来越讨厌工作，从而越来越退步。怎么办呢？反过来就可以了。

老板的 KPI 是业绩，那你就要主动设计出一个工作方式，能够强迫老板主动来强迫你工作。项目刚开始，就明确定出多条"最后期限"，把一个大任务拆解成合乎逻辑的多个小任务；把最终才会到来的一次大汇报，拆解成多次的小汇报。这样老板不得不每个关键时间点都来关注你的进展，你也就不得不每个阶段都认真努力。

进展过程中，发现情况出乎意料，可能要延期，马上带着调整方案去跟老板汇报，要求其了解情况后批准你的新方案，划出新的期限，这样一方面你由于意外带来的焦虑感会大大降低，从而避免了不良情绪影响工作效率。另一方面你在和老板沟通的过程中把他也绑在了战船上，将来万一出事他更可能保你船不沉。

平时形成和老板谈心的习惯，并且提前养成积累工作问题的习惯，谈心时就问、就请教、就求指点，没有哪个老板不喜欢一个认真思考的员工。这么做的两个大的好处分别是，一来你和老板熟悉了，更懂他的沟通风格了，你们配合的效率会更高；二来当老板有场外信息想跟人分享、甚至有重要的事想安排人去做时，你猜他会习惯性地先想到谁？

一点小结

其实我们看似是讲了一个在健身房勾搭女教练的故事，但实际上一共说了四点和职场相关的原理：

- 充分利用不充分的信息做决策
- 像设计产品一样代入工作场景
- 换位思考理解对方真正的痛点
- 主动逼迫对方让其主动逼迫你

故意使用了一个和工作无关的健身场景，是希望你能越来越明白，大道相通。

在不同的场景里，元规律都是同样适用的。而正是要在不同的场景里运用同一个元规律，你才能更好地理解它。

前几天看一句话，估计你在新概念英语里也看过：

People don't plan to fail, but fail to plan.

想想看，这里的差距有多大：

- 当别人还在被规则追赶时，你已经自己在追赶规则了。
- 当别人还在被期限逼迫时，你已经自己在逼迫期限了。
- 当别人还在被老板管理时，你已经自己在管理老板了。

一念之差，云泥之别。

有人说，不就是个工作嘛，有必要花这么多心思吗？首先，心思花得并不多啊，这是一劳永逸的思维方式，比起不停地和自己的惰性做斗争，难道直接设计一个可以秒

职场30年不如一日

杀自己惰性的制度不是更轻松吗？其次，当然值得花心思啊，因为文章最开始就说了，不论是否打工，我们永远都是在为自己的价值提升而奋斗。绑架你的老板，强迫他学会如何管理你，带着他一起成长。他成长了，你也将大有前途。他如果不成长，开除了他，换个新的更强更有前途的老板。

　　我们经常会抱怨自己不够有自控力，设置了很多目标最后都没有实现。可同时我们又经常给自己留有太多偷懒的余地，甚至主动去设计一些能够帮自己放水的漏洞。这样有意思吗？既然执行阶段更难、更容易放弃，那不如就在计划阶段，找到可以强迫别人来强迫我们努力的方案吧。

带团队不是说相声，有理不在嘴刁

《人物》杂志曾经有一期对郭德纲的专访，问到"你这个话不落地的功夫，是从什么时候开始就这么厉害了？"郭德纲说："打小，本能。这个也不是说学的，它学不来，你反应，你脑子跟嘴同时，而且甚至嘴比脑子还要快，甚至你刚说仨字，我就能想到后面你要说什么，在你没说完的时候，我这话就到了。这是本能。"这是实在话。嘴快没用，还得嘴刁。

后来《人物》又问了一些，关于说相声的如何管理团队的问题，也很有趣。郭德纲说："我们从一进门就开始洗脑，就先告诉他，你连个人都不算。所有徒弟都算上，像岳云鹏他们从小挨的骂无数。你和狗站在一起，你不如狗的价值高。你先别说成为艺术家，你先努力成为一条好狗。"《人物》杂志担心"这话都有点类似于人身攻击了？"郭德纲回应说："就是，你必须人身攻击，你把他摁到泥里边，完整地打碎他所有的自尊，从头再来。你不能尊重他。"这话让人有点想起电影《爆裂鼓手》的意思——魔鬼教官上来就粉碎你的尊严，重新把你打造成刀枪不入的人

间兵器。

　　可带团队的时候，真的一定要这么强势吗？刚好有人挂号问我一个关于管理风格的问题，"日日你好，我现在在公司里担任一个小团队的负责人，也算领导吧。其实我的性格一直是比较内向的，话也不太多，从来没有人说过我是一个强势的人。要让我去批评训斥别人，我是肯定做不到的，我也不想那样做，会觉得自己也很痛苦。但由于我是接替被调走的老领导，而且团队内部就我资历比较深，所以大家平时相处还算融洽。但最近新来了一个同事，是一个反应特别快说话也很直接的人，气场比较强，不是很容易管理。我觉得自己没有那么权威，专业上他懂得也挺多的，如果起了争执我可能根本压制不住他。我该怎么办呢？很发愁。"

　　正好，我们就着相声团队的话题，说一说"管理风格"的事。

就事论事

　　一个合格的领导是什么样，我觉得很难下一个定义。而什么样的领导算是好领导，也很难有统一标准。但毋庸置疑的是，领导要做的最重要的事，就是带领团队实现目标。在实现目标的过程中，随着环境、成员、任务等因素的不同，可能会需要表现出不同的领导风格。看一下经济管理类书籍中经常提到的各大顶级 CEO，他们的性格都千差万别，做事方法也没有统一标准，可他们都成功了。社会主义改革的总设计师邓小平也说过一句经典名言："不管黑猫白猫，抓住老鼠就是好猫。"

所以首先要明确指出的是：你觉得自己不够强势，所以可能无法压制住下属，这个思路本身就完全错了。你为什么一定要压制住别人呢？非得员工一到公司给你磕头烧香才行吗？踏踏实实把事做成了才是第一位啊。既然领导的任务是做事而不是压制别人，那干嘛一定要强势呢？非得斤斤计较睚眦必报吗？大家在你手下到底是来上班的，还是来上朝的呢？

我工作的时间不长，但从一线员工到高级员工、到中层管理、再到 VP 的岗位，都算是经历过。不能算是建议，只是一些分享，供你参考。

现在很少有独狼型单枪匹马的任务了，除非你真的是不世出的天才，否则真正实现价值的过程中，每个人都必须要和很多人在团队中配合才行。而对团队来说，最重要的，就是一个人能不能用专业的方式，和团队中的其他成员进行交流与合作。怎么区分职场里的"专业"人士和"业余"人士呢？标准可能有很多。我个人最看重，也觉得最有辨别力的一条是：是否能够在合作中，不预设立场，

职场尤里卡

职场30年不如一日

　　道理听起来很简单，但鉴于很多人一般都喜欢听故事，那我们就讲一个故事：

　　我曾经遇到过一个新人小姑娘，就叫她米拉吧，应届生里都算比较稚嫩的那一类，满脑子对错思想和标准答案。我们是产品部门，需要在设计产品时，跟业务部门充分了解需求，在产品开发完成后，跟业务部门宣讲交付。但是，部门间沟通往往难度很大。首先，知识背景差异非常大，偏理论派的产品部门和偏实战派的业务部门，很容易互相看不上。其次，话语权和决策权有冲突，业务部门是赚钱的，自然牛气哄哄，可是产品部门负责生产东西出来，拥有上游的决策控制能力。假如这两个部门沟通不畅，轻则内耗严重，重则在市场上吃瘪。

　　但其实跟其他部门的人打交道呢，说简单也简单，这事儿跟泡妞一样。有句泡妞金句不是说过么，"推倒一个姑娘，只要学会两个技巧就够了：赞美，和持续不断的赞美"。人性嘛，一回事。面对不同部门的同事时，尊重对方在专业领域里的能力和贡献，并且反复强调这一点，对方心情一好，人际互惠，也就愿意听你有事说事了，这就够了。

　　米拉可好，在前期沟通产品需求时，就出幺蛾子了。一般这个环节是这样的：业务部门先吐槽客户，然后再吐槽产品人员，接下来说自己如何如何辛苦，最后提出一些靠谱或不靠谱的想法，由我们转化成合理的需求。优秀的业务人员一般都深刻地知道，工作中的沟通，完全没有必要掺杂个人情绪。除非，他们想用情绪达到什么目的，比如说，向你施加压力。但新人一般分不清这个。米拉就觉得，对方这是在冲自己发火、是要跟自己叫板、是看自己是个小姑娘所以故意欺负人，你要敢跟我炸毛，我就敢原地爆炸。炸完之后呢，负责带她的哥们儿先是安抚业务部门，再是回来跟产品部门交代，最后还要慰问"米拉娘娘"。其实有必要么？在专业的职场沟通中，情绪永远是达成目的的工具，而不应该直接变成你用来发泄的目的。

回到你的问题上，千万不要有压制对方的想法。首先这是一种"预设立场"，把对方变成了你的对手而不是本应一起作战的战友，这肯定无法双赢。其次这又一定会导致你"掺杂情绪"，因为在遇到专业事务的沟通时，你会很容易从意见之争演变成人身攻击，这就一定会双输。永远不要把自己当成是正确答案，你只要永远和正确答案站在一起就好了。

想做到这一点，特别简单，就事论事，就可以了。谁说得对，你就支持谁，你说错了，你就马上改。这样，不仅你完全不需要去压制别人，别人还会慢慢地开始自然而然地愿意服从你。

职场 尤里卡
职场30年不如一日

上将将将

你提到的第二点,是担心自己专业上没他懂得多,所以在沟通上,可能会露怯。这一点更是庸人自扰了,也说明你彻底误解了领导在团队中的作用。领导的首要任务,就是带领团队实现目标,而且是尽可能低成本高收益地实现目标。说白了就是一个资源优化配置的过程,这就要求领导必须对这三个问题有相对全面的了解:

第一,要解决这个问题需要有擅长做什么事情的人;

第二,团队中哪些人分别擅长做什么事情;

第三,如何让擅长此事的人全力去做此事。

把这三个一组合,工作就搞定了。

所谓"上将将将",是源自《史记·淮阴侯列传》中韩信带兵的一个小故事。

"上问曰:如我,能将几何?信曰:陛下不过能将十万。上曰:于君何如?曰:臣,多多而益善耳。上笑曰:多多益善,何为为我禽?信曰:陛下不能将兵,而善将将,此乃信之所以为陛下禽也。且陛下所谓天授,非人力也。"

大意就是说,韩信觉得刘邦带兵最多带十万,可是自己带兵是多多益善。刘邦不爽了问韩信,你这么牛怎么还待在我手下呢?韩信说,因为我是擅长带兵,可是您老人家是擅长带将,所以还是您比我牛。这里面,韩信可能有拍马屁的嫌疑，但逻辑整体上是没错的。

很多人可能看过《兄弟连》。男主角是美国 101 空降师 506 团 E 连的温斯特中尉，带着他手下的一班兄弟们出生入死。我不知道你在看的时候有没有想过：男主角虽然是头儿，可他在队伍里，各项技能都是最厉害的吗？显然不是。再退一步，《兄弟连》故事背景是"二战"，也是美国第 34 任总统艾森豪威尔当年成名之时。艾森豪威尔作为陆军五星上将，他的各项战斗技能跟温斯特中尉比起来又如何呢？恐怕这位美国总统自己单人 1 对 1 肉搏的话，在男主角温斯特手底下活不过三招吧？但就是像艾森豪威尔这样擅长"将将"的"上将"，却能做到像温斯特这样擅长"将兵"的"猛将"所做不到的、更大更重要的事情。而且艾森豪威尔会担心自己手底下像温斯特这样的一线猛虎太多吗？只恨人少不够用吧？

回到你的问题上来，逻辑是完全一样的。工作中，你和你团队里的其他人，不管是你的上级，还是你的同事，还是你的下属，你们都应该是合作而不是竞争的关系。如果你担任的恰好是领导的角色，那么这个角色需要你在所有专业问题上，比所有人都懂么？当然不需要！

对我帮助很大的我的一任领导经常说一句话，也分享给你："一线要比经理懂，经理要比总监懂，总监要比总裁懂，这样下面的经验技巧才能为上面所用，做出更好的决

策，大家一起向前走。如果反过来，总裁对一线的具体情况比实际工作在一线的人懂的还多，那这个团队肯定很快就完蛋了，因为生死都决定在最高层一个人手里，没有自我纠正的机制。"而你面临的情况，正是如此。你的手下有一个在具体业务执行方面比你还要清晰的人，那他的技能正好可以为你所用，帮助整个团队成长得更快。如果你能做到不预设立场、不掺杂情绪地"就事论事"，又能充分理解"上将将将"的领导角色所承担的任务，那么你应该不会有如临大敌的感觉，而应该感到如虎添翼才对。

要知道，当你遇到手下出现"将才"的时候，可能正是你有机会变成"上将"的时候。

不可替代

但还要补充一点，也是工作中经常会遇到的：假如你真的上面两点都想明白了，可是却遇到了一个在专业方面确实很懂所以在团队中不可或缺，但工作风格却像米拉一样毫不专业经常爆炸的团队成员，怎么办？别笑，这种情况不仅不奇怪，而且非常合乎逻辑：越是个人能力强的人，越容易在对外沟通时，由于缺少自省的机会，反而导致自我情绪管理能力方面成长较慢。

回到你的问题上来，假如你作为领导，将来团队中出现了这样的人，或者新来的就是个这样的人，你怎么办？"干掉他"，这是所有人的本能反应。但人不是动物，很多本能反应在工作情景中，都是下策。职场里有句话，叫"不是因为优秀，而是因为不可替代"。优秀确实是一种可贵的品质，但仅仅因为优秀就变得对一个团队来说不可替代的人，实在是太少了。而且不可替代往往并不仅仅是因为优秀，甚至根本就不是因为优秀，而是因为无人能够替代你的作用。

举个不恰当的例子，就像是我平时吃炒饭。我觉得蛋炒米饭不错，海鲜炒米线也好，干炒牛河更赞，但这些东西都不过是"优秀"，它们彼此之间仍然是可以替代的。对我来说，真正"不可替代"的，只有老干妈。

再讲一个我工作中的真实经历吧：有段时间因为几个项目，经常需要跟一个研发人员合作。这个技术人员说实话，性格是有点怪的，他是我工作这几年来，遇到的沟通最费劲的人之一。他说话的风格特别容易激怒别人，或者是指责你的知识背景不过硬，或者是说你了解的信息都过时了，或者是说这些技术细节给你说了你也不懂，或者是说你的想法过于天真幼稚。倒不是说他喜欢跟人吵架，我觉得是他自己陷在一种"我比你强"的交流模式里，并不自知。基本上跟他沟通的人最后都会和他吵起来。但因为他技术实力确实很强，而且作为技术负责人，团队管理得

职场 尤里卡

职场30年不如一日

也很有效率，所以在团队中还是利大于弊的。大部分人也只能忍了，大不了尽量不和他说话。

我和他也吵过一次。当时就我俩在会议室里，吵了几分钟，我突然心特别累，就说，"停，今天我不想吵架，你要是心情不好，咱们明天再聊，现在我要玩会手机。"他当时一脸诧异，说"你是什么意思？"我说，"没什么意思，我就是突然累了，你看现在都快下班了，我晚上有同学聚会，玩会手机我就走了，有事明天再说。"他说，"还能这样吗？"我说，"为什么不能啊，反正现在咱俩情绪都不好，能聊出来啥呢？"他说，"也对"，然后他坐下来，在我对面也开始玩手机。

从那以后，我俩就再没真正吵过架。每次一聊到我心里已经想说"去你大爷"的时候，我就拿起手机："怎么着，是接着好好聊，还是开始玩手机？"他对工作真的还挺负责，每次都会一脸崩溃，感觉和我吵不下去。如此反复几次之后，他主动提出了一个解决方案："以后咱们开会都不许玩手机。为了防止沟通效率低，我们不要一起说话。你先说 2 分钟，说完了换我说 5 分钟，谁都不许打断谁。"我问"为什么你能说 5 分钟我才说 2 分钟"，他说"因为你说话太快"。我俩哈哈大笑，把路过会议室的其他同事都吓到了。

故事的高潮来了。有一次他跟我的一个同事沟通项目，吵起来了。本来这项目跟我一点儿关系也没有，结果他突然抽风，让我同事去把我叫来给评评理，说"如果他同意你说的，那我就啥也不说把你这个无理需求给做了。如果他不同意，那你就别来找我了，我不做"。我一头雾水地莫名当了一次居委会大妈。没过几天，领导就跟我说，从此以后所有跟那个技术负责人团队对接的项目，都归我管了。我问为什么，领导说，"因为别人跟他说话说不通，你行你上吧。"结果因为我要和技术负责人长期对接，我就变成了产品负责人。

后来我反思了一下，为什么这个技术负责人跟谁聊都要吵，唯独和我吵不起来呢？因为不管他说什么，我都不愿意生气。既然我能"就事论事"，也不"掺杂情绪"，只是为了把事做好，不是为了证明谁更厉害，那我跟他有什么可吵的呢？实在聊不下去，我就玩手机嘛。虽然我并没有因为和这个技术人员沟通而变得更优秀，但因为我确实在沟通中变得相对"不可替代"，所以我获得了更多让自己变得优秀的机会。

所以你看，"不可替代"不仅比"优秀"更优秀，而且"不可替代"还会让"优秀"变得更优秀。

一点小结

碎碎念了很多，最后总结一下：

职场30年不如一日

作为领导，在一个团队里，最重要的，是带领大家把事情做好，把目标实现。

不要预设立场，因为立场并不会帮你改变什么。

不要掺杂情绪，除非情绪只是你施加影响的工具。

不要对手，而要战友，要擅长把别人的优势为己所用。

不要单纯的优秀，而要变得真正不可替代。

事实上，不仅适用于领导，也同样适用于员工：工作中最重要的事，都是通过不断地解决问题，提升自己，从而让自己变得更有价值。

优秀，往往是指一个人在某个领域做到了非常出色的程度，这挺难的。而不可替代，往往是指一个人因为某些原因而变得不可或缺，或者说非常重要。优秀的人，未必不可替代，而工作中最重要的角色，并不一定需要有多优秀。所以比起优秀，我更愿意成为不可替代的人。

找工作不是拜师，上班不用磕头

问

　　日日你好，我觉得自己对待工作挺认真的，也没有出过什么大错。但我的领导平时说话总是特别强势，喜欢在所有时候都压住别人。比如有次我向他以及更上级的领导汇报工作，已经说得挺全面了，他非要从 PPT 格式里挑出一些细枝末节来，说我的工作还有待提升，做事还要更认真，让我非常不爽。还有一次，我发邮件确实忘了抄送另一个部门的同事，但事后已经单独发给对方了，可他却揪着这个事说我完全不会部门间配合，影响了我们部门的对外形象，话说得特别难听。他不光对我这样，对我们部门所有人都是这样，我们私下都希望他赶紧走人。我不明白，这种人到底是什么心理，为什么处处都要找自己手下人麻烦？我是要再忍一下，还是尽早离开呢？

职场 尤里卡

职场30年不如一日

答

这个问题很典型，类似的"挂号"我也遇到很多。那不妨统一讨论一下：作为下属，如何看待强势、嘴刁的上级呢？

胖子吃你家米了吗

前几天我发了一条微博，大意是说："我绝对不会允许自己胖起来，要是胖了我就去死。"评论里大部分人也是和我一样在进行自我诅咒，但也有一些人，表达了这世界对胖子太多恶意的苦恼。确实，别人胖，又没吃你家米，只要胖子没在公共场合把肉摊你身上，人家胖一点关你什么事？然而这个话题就暴露出人性的一个特点，未必是缺点，但也不见得是优点：喜欢自我代入。

比如，有人其实内心的真实想法，是厌恶那个有可能会变胖后的自己，可表达出来的，就是"谁胖谁去死"。又比如，有人其实表达的是"我胖了我就去死"，可有的身材比较丰满的人看了，就会觉得这是在伤害自己。其实，胖不胖，死不死，关你什么事，又关别人什么事？但仔细一想，事情并没有这么简单。为什么呢？因为事物是普遍联系的。人们会倾向于觉得：如果不对那些"对肥胖出言恶毒的人"也出言恶毒地加以制止的话，社会上可能会对胖

老板不等式

子变得额外不宽容，最终就会伤害到也有点胖的自己。

　　同样，领导对其他员工很不客气，明明和自己没有直接联系，为什么我们心里也会有点不痛快呢？就是因为觉得自己的地位和身份更像是那个被凶的员工，所以有点自我代入。

自我代入的普遍联系

　　前几天我在微博转了一张图，觉得很好玩。

　　实话实说，我很喜欢这张图里右边这位招聘者明确表达立场的做事风格。当然，我自己并不会去选择这样的岗位。因为如果员工连沟通底薪和基本福利的权利都没有的话，这个职位要面临的挑战一定是非常大的。

　　但事实上，作为劳动力供过于求的买方市场上的一个普通劳动者，我们平时面临这样的场景难道少吗？在很多公司，员工的地位非常低，在合法的最低标准之上，很多人根本没有讨价还价的空间。所以，如果真被迫要进入一家这样的公司，与其遇到一个笑里藏刀、背后吸血的老板，还不如直接投奔图中这位领导麾下。毕竟图中的招聘者想要表达的无非是"我们不需要那些在全力付出前就过度关

职场30年不如一日

注回报的人"罢了。

这种清晰的立场，能帮助你在决定跳进火坑之前，看清火坑到底有多烫。可很多人在评论中表达了不爽和不屑，哪怕他们并无意于面试这个职位。为什么？因为自我代入。因为人们会觉得，假如自己处在这样的场景中，又是相对弱势的一方，那实在太不公平了。如果我是为了学艺，被迫要给别人磕头认爹、年年上供呢？如果我是为了求职，被迫面对招聘者的百般刁难、千般冷眼呢？虽然这个假设还没发生，但毕竟在别人身上已经发生了。如果自己现在不出言表达阻止，说不定越来越多的人会默许这一点。万一到了某一天，真的发生在自己身上呢？想到这里，更加义愤填膺，必须要明确表达反对意见，哪怕看似事不关己。可见，自我代入使普遍联系变得栩栩如生。这种想法对不对呢？

"小孩才问对错，大人只看利弊。"先说结论：这种想法，弊大于利。它最大的弊端在于，当你的情绪被本能唤起后，会影响你理性分析的能力，导致你忽略这种看似不平等背后的核心影响因素：权力距离。

权力及其分配

什么是权力距离？

权力距离（Power Distance），是著名的跨文化研究和管理学专家，荷兰学者霍夫斯泰德（GeertHofstede）在20世纪六七十年代研究 IBM 在世界各地的分支机构间的文化差异时所提出的概念。霍夫斯泰德使用权力距离指数（Power Distance Index，PDI）来描述人们对组织中权力分配不平等情况的接受程度。一般来说，集体主义国家（比如中国）的 PDI 得分会很高（80），意味着该国家的民众，对于权力分配不均更加习以为常。相反，个人主义国家（比如美国）的 PDI 得分会较低（40），意味着该国家的民众，更倾向于接受人人平等的理念。

这和职场有什么关系？如果说国家是一个相对宏观层面的组织，那么一家公司，就是一个相对微观层面的组织，权力距离在这里同样适用。粗糙地看，国企、事业单位的权力距离指数，一定远高于大部分民营企业、私营企业。而在非国有的企业里，比如像德云社这样的家族家长制风格，其权力距离指数也会远大于一般的外资企业。作为一个普通求职者，想要快速改变这种现状是不现实的。一个弱小的个体，所能做的就是先理解导致现状的原因，然后做出最有利于自己的选择。

那么，为什么不同的组织之间，权力距离的差异会那么大呢？因为资源分配的方式不同。

传统意义上的国企，是不需要像民营企业那样直接去

面对市场竞争的，或者有着大量的行政资源支持。因此在国企中，个人能力是没太大价值的。真正有价值的，是行政资源。谁能搞来行政支持，谁就牛逼。那么在潜规则的逻辑里，真正拥有权力的人，就是有关系、有背景的人。这一层，靠的是血缘、深交、仕途。这种资源是极度稀缺的，所以权力距离极大。

而离传统国企最近的，靠传统国企施舍来吃饭的一部分民营企业，也往往不会重视个人能力这种东西，没价值。真正有价值的，是会搞关系的人，是能通过搞关系换来行政支持的人。比如你特别能喝，只要搞定了行政部门的决策人，企业就能活下去，那你就有价值。这一层，靠的是手段、权谋、廉耻。好像不要脸很容易，但你真的不要脸试试，你就会发现，挺难的。一时不要脸或许不难，难的是一世不要脸。所以这一层的权力距离虽然减小了，但相对稀缺的资源仍然导致了不小的权力距离。

而相对公开透明并且市场化的部分私企和部分外企里，能否为公司创造价值，主要取决于个人能力。特别是在大部分互联网公司里，这一表现尤其明显：只要你个人能力突出又肯拼命，毫无根基且腼腆要面子的人，也有机会出人头地。这一层，靠的是智商、坚持、机遇。在那些被资本看好的领域里，由于机遇的稀缺性得到了缓解，而聪明的人、努力的人、聪明又努力的人从来不缺，所以权力距离就变得相对小得多。

　　但如果是在德云社这样拜师学艺、入门为徒的家长制企业呢？徒弟未来的个人价值实现，主要依赖于学到的手艺和业界的认可。手艺不说了，在一个学徒制的传统语言艺术行业里，当然是由师父垄断的。而业界认可，说白了，最初甚至在早期的很长一段时间里，仍然要依赖于师父已有的资源和渠道，基本上仍然是师父垄断的。那稀缺资源都在师父手里，师父手里的资源又当真是市面上非常稀缺的，由此而导致的师徒间的权力距离应该有多大呢？不知道"师恩如山"是不是真的，但在徒弟前面，在某种程度上，师父确实如山一般。如果你不能接受自己在山前跪拜，那么当初最好就不要进这山门。或者反过来，当你有一天真的要进这山门了，最好你心里已经做好了跪拜的准备。

点好你的技能树

　　扯这些虚头巴脑的有什么用？为了谋定而后动。你知道自己讨厌什么，甚至可能还幸运地知道自己喜欢什么，但你只是模模糊糊地知道自己应该怎样才能实现趋利避害。但有了对权力距离及其背后资源分配方式的理解，你就有机会从一只升级后属性点数随机乱加的野生宠，变成一只升级后按需求狂点某棵技能树的极品宠。这样你在生

活的 PK 大赛擂台上，胜算可能会大那么一点点。

如果你是下属，而你觉得自己的老板蛮不讲理，不仅过度强势而且待人嘴刁，那就要反思了：到底是这个老板人品差，还是你所处的这个环境由于资源的分配方式与你的属性点数不匹配，使得你的尴尬处境变成了一种必然？你是身处血缘宗族之中，所以赶紧去认个干爹，还是身处关系网络之中，所以赶紧去练练脸皮，抑或身处能力氛围之中，所以赶紧提升自己，或是根本不准备继续待下去，要根据自己的选择重新换一种更适合自己的环境呢？

假如你对自己现在的老板还算满意，是纯粹因为运气好呢，还是因为你基于准确的判断而让自己出现在了对自己有利的，能够让自己的能力充分发挥作用的环境里，从而让自己即便作为下属，也仍然能被领导相对平等地对待呢？希望是后者。因为你不能把一件现在每天占自己人生 1/3，甚至 1/2 时间的事，把一件基本上决定了自己未来人生发展和生活状态的事，寄希望于自己的运气。

有时候，可能真的不是运气差，而是你早干嘛去了。千万不要自己误解了世界，却还要怪世界欺骗了你。祝你顺利，即便在你运气差的时候。因为所谓实力，就是尽量不靠运气。

《七龙珠》里的龟仙人在小悟空因为运气差而输掉了"天下第一武道会"的冠军头衔时，说了一句至理名言，"运气，也是实力的一部分"。这种强者的自我约束实在让人反省，所以我觉得，"实力，就是尽量让自己的表现能够不受运气的影响"。

职场30年不如一日

如何向特别忙的上级汇报工作

日日你好，我的上级总是特别忙，但我需要向他汇报工作、交流目前的工作状态、向他提问题。我该如何寻找和抓住合适的时间，哪些时间段我可以去主动找上级？有没有更有效率的汇报方法，因为我不想每次耽误他太久的时间。

答

约老板进行工作汇报和交流，其实本质上和约炮是一样的，都是约。

"约"这个动作其实应该非常真诚。我假设你很忙，也假设约你是在占用你的时间，同时认为你是否同意被约是完全由你来掌控的。说白了，充分地给予你尊重，然后提出我的需求。肯定不能突然一见面就问"约吗"，一定要给对方留有充足的前戏预期和准备时间。

关于时机

比如你希望这周三能约到，至少上周五就该提出这个想法，这周一再确认一次，周三上午要见面了再确认一下是否有变动。当你形成了这种"你来定时间，我反复确认"的行为模式之后，对方就只能按照你的模式来走了。你选择了"重要的事情说三遍"，那么对方一旦违约，心里就会明白是自己做得不妥当（而且是三个不妥当），事后会设法弥补。通过这样的方式，我们就能很好地管理对方的预期了。

当然，这说的是如何约到，但在此之前，还有一个时机是"什么时候提出邀约申请"。我觉得有两种办法：一是了解团队内部有没有固定的约老板汇报的机制，有就利用起来，没有的话看是否需要创建固定流程，让大家形成习惯；二是自己多观察，看看领导在每天的什么时段比较空，在这个时间点过去问，什么时候可以约你，保证对方当时有心情认真作答。

关于汇报效率

前几天看《麦肯锡教给我的思维武器》这本小书，里面提到一个观点很有趣，说的就是如何高效地向别人解释一些对方不懂的东西。涉及两个假设：一是假设对方对该

职场 尤里卡

职场30年不如一日

领域完全无知，二是假设对方具有很高的智力水平，合在一起就是"智者无知"的假设。意思是说你要先假设对方什么也不知道，所以你在解释时就不会有任何不应当的遗漏。然后你还要假设对方非常聪明，所以你在解释时就不需要事无巨细地展开。

前一个假设，确保你在汇报时能把事情的核心逻辑梳理出来，不错过重点。而且这个梳理的过程，其实是自己理清思维的过程，如果发现梳理不出来，那也就明白为什么自己之前的汇报总是让人找不到重点了，因为自己就没找到重点。

后一个假设，其实你删除了所有的细节，浓缩了精华，同时对方也可以根据其自身需要，只追问那些感兴趣的细节。你这时再解释，就大大提高了沟通效率。

注意不要"打脸"

有些工作不久的小伙伴，想问题比较简单，很难做到"换位思考"。一方面呢，会觉得怎么约领导汇报个工作都要这么麻烦，太不公平了。另一方面呢，会觉得为什么领导总是放我鸽子啊，太不要脸了。一旦有了这样的小情绪，就可能在行为上做出一些类似"打脸"的行为。比如领导确实忘了赴约，甚至忘了自己忘了赴约这回事，然后突然问你，"为什么没有汇报工作？"心里本来就不满的小伙伴，这时可能就要爆炸了，甚至马上出口反驳，"我早就约了你要汇报，是你一直没空啊，现在怎么还怪我了，好好笑哦。"这就完蛋了。

设想一下，就算是领导真的做错了，这样当面甚至当众怼他一顿，合适吗？如果是我们自己疏忽大意做错了，我们是否希望别人能网开一面、留点余地呢？将心比心，领导也是人呀。而且领导还有个很尴尬的处境，就是他必须得想办法树立一些威信，才更方便管理。所以有时即便你当面怼他，他其实没生气，可是为了别人眼中自己的威信，仍然要象征性地表示一点愤怒的小火苗。这一来二去，本来很小的事，就被搞大了。你猜，最后吃亏的人，是领导，还是你？

当然，有可能领导也是在当众怼你甚至是故意让你当众出丑，怎么办？就这么怂了？这里有一个"猜疑链"的问题，我们并不能确定领导真的是在使坏，尤其是我们自己作为利益相关方，很可能带有太多主观色彩。我觉得最稳妥又不失颜面的做法，就是假设领导真的是出于无意而忘记了，同时就按这个设定来作回应：

首先，陈述事实。我找您约过时间，但当时您可能因为什么事而忘记了，后来我想再约时间，就一直没来及。要不会后我再单独跟您汇报一下，或者咱们确定一个相对固定的时间进行汇报吧，这样也方便您及时了解进展。

其次，旁敲侧击。如果领导态度比较浮夸或者嚣张，那也不妨用不卑不亢的态度反击一下。直接挑明了告诉在场所有人，领导您不要着急，这个事着急也解决不了，我们还是先想个后续解决方案吧，毕竟您事情比较多，所以约您汇报总也没约到，您看看我以后还有什么可以切实改进的地方呢？

最后，做在前面。有些事呀，还是不要等到发生了再现场找补，如果能提前避免发生或者尽可能准备周全，才是更好的。比如预约领导时间的时候，发个邮件，领导确认时间之后，周知大家，领导放了你鸽子，你再直接把汇报内容邮件同步给所有人，这时领导总没脸再胡乱冲你发火、对你甩锅了吧。不战而屈人之兵，永远比在战场上靠牺牲换取胜利，要好得多。

我们很难理解聪明人为什么那么聪明，因为思维藏在人的脑子里看不到。但我们可以很容易理解忙的人为什么忙，因为行为是肉眼可以看到的。努力通过观察别人的行为来理解对方的处境，就更容易通过换位思考来实现自己的目的了。

涨薪微积分

积少成多　寻求爆发

难怪你工资这么低，Excel 都用不好

最近毕业季，也快到十月，算是一个求职跳槽的小高峰。向我询问职场相关问题的人也多了起来。问题主要集中在三点：

- 怎样才能升职加薪？
- 怎样才能不加班？
- 怎样才能让领导满意？

围绕这些话题我们可以讲很多道理，但有些人反驳说"道理我都懂，然而并没有什么用。"出现这种反驳，可能不是对方的问题，也不是道理的问题，那只能是我的问题。作为一个曾经的心理学领域从业人员，我突然意识到自己的问题在哪了。没人喜欢听道理，人们喜欢听故事。好，那我们就来讲一个故事：

- 年薪百万的前辈（我）
- 耐心教育职场小白（米拉）
- 怎么做 Excel 表格

新人米拉

事情是这样的。我负责一个项目，算是项目组长。这个项目简单类比的话，可以看成是一家卖果盘的小店：我们买了一些水果自己做成果盘，果盘卖掉赚到了钱，月底我们要跟所有供应商分别结账。每个供应商该结多少钱呢？需要根据进货明细和水果价目表，做成 Excel 表格发给供应商们确认，没问题了再打款过去。

不就是个 Excel 表格嘛，谁都会弄。于是这个很简单的任务就被安排给了项目组里的新人——米拉。很快，米拉说表格做好了，大概长这样：

供应商	水果	重量	总重量	单价	金额
小明	香蕉	1500		0.4	
	香蕉	2500		0.4	
小计			4000		1600
	芭乐	2300		0.8	
	芭乐	1700		0.8	
小计			4000		3200
总计					4800

我强忍着泪水，把米拉叫到会议室，说了下面这些内容。

不要约炮，要走心

米拉，在工作上我希望你能明白，做一个 Excel 表格，它的格式重不重要呢？也重要，也不重要。米拉你还是单身，我们就用约会来举例吧，希望你认真体会。这其实就像一个女孩子，出门去见男朋友。如果完全不打扮素面朝天，会给人一种放弃了自己然后全身心带孩子的中年家庭妇女的错觉。但如果浓妆艳抹过分浮夸，也会给人一种误入发廊独上青楼的错觉。谈恋爱不是约炮，必要的一点技巧是可以的，但更关键的是真诚，是走心。

工作成果完全一样。不注意格式，说明态度不端正；过分追求格式却忽略了产出的实际质量，很可能说明能力不行。你的领导是你的伙伴，是你需要去真诚交流的对象。千万不要和领导用套路，领导的套路绝对比你多。比如这个 Excel 表格，单元格用了不同的填充，字号用了不同的大小，数字用了不同的颜色，连字体都是我没见过的。"这个字体是雅痞。"米拉说。"我看是娘嬉痞。"你做了这么多好像是格式上的调整，可是我问你："供应商一列里的'小计'是什么鬼？为什么有那么多个香蕉和芭乐？一样的单价，为什么列那么多次？每月一结，时间字段在哪儿？"

不要搞这些没用的外在格式，好好思考一下数据的内在逻辑。工作不是应酬，而是谈恋爱。

不要搬砖，要思考

米拉，不要总是埋头搬砖，要抬头看清楚你所做的事情，整体业务的价值。工作也是完全一样。你作为项目组里的新人，大家安排你来做 Excel 表格，你就真的只做这个表格吗？再说一次，不要搬砖，要思考。

我们为什么要做这个表格？是为了给我看吗？不是。是为了给供应商确认、结账、打款。那我们就要明白，供应商想看到什么？试想你是供应商，你给这个公司送了一个月的各种水果，到月底了，你想知道什么？

1. 总共应该收多少钱？
2. 送了哪些水果，各多少斤，多少钱？
3. 哪天送的，每天分别是多少钱？

它分别对应供应商背后的商业目的：

1. 我这笔一共赚多少钱？还要不要继续合作？
2. 不同的水果，分别赚多少钱？哪种水果更赚？
3. 每天分别赚多少钱？我后续每天要如何进货和供货？

米拉，当你明白了这些，你就不会犯最前面我说的那些错误。首先，小计和明细显然不应该在一个表里。其次，那么多香蕉显然是每天的不同送货量，那就应该加上时间维度。再次，除了汇总的金额你还需要补充每天的金额。最后，也是最重要的，你这才做了一个供应商小明的

职场 尤里卡

职场30年不如一日

表格，我们一共有 64 家供应商，你要这么一个一个表格做下去吗？

不夸张地说，我觉得 Excel 确实是有魔力的，它能做出很多我们无法想象的事，而且技巧并不难学。但更重要的是，在炫技之前，我们是不是真的理解了业务，明白了做这件事的真正目的呢？工作不是被动承受，而要主动思考。

不要蛮干，要有技巧

米拉，你做这个表格用了多久？五分钟。嗯，听起来不多。但你这个表格的可扩展性是非常差的。意思是说，你需要从明细数据里一条一条找原始记录，和水果价目表一条一条对应起来，然后一个一个供应商去做表格。我们现在有 64 家供应商，所以你就需要 5*64=320 分钟也就是 5 个多小时来做这件事。每周做一次。假如我们将来做大了，有 1989 家供应商呢？你完整做一次表格就需要 166 小时。一周一共 168 小时，你这 7 天仅剩的 2 小时够用来睡觉吗？

所以你才会是那个抱怨自己永远在加班的人啊。千万不要以朋友圈里其他部门的那些喜欢晒加班的脑残为榜样。如果刻苦和用功就意味着优秀的话，为什么富士康的工人不是世界首富？

工作也是完全一样。你只要遇事稍微多用心、事前稍微多思考、做事稍微有技巧，很快你就脱颖而出了。比如这个 Excel 表格，就不能一块一块做，而应该整体一起做。

定义好表格格式

既然我们需要知道的是"谁在哪天以什么价位送来了多少东西"，那核心字段就包括了供应商、日期、水果品种、重量、单价、价格。

明确数据范围

首先是数据源，包括所有日期的送货明细和所有日期的水果价目表。为什么不是只有最近一周的？因为万一将来我们要帮供应商分析过去半年的供货收益曲线呢？

其次是客户范围，一个表包括所有供应商，而不是分别做表。为什么要都放在一起？因为万一哪天我们自己突然想看不同供应商的供货成本曲线呢？

设计表格公式

不仅要在单元格之间建立公式关系，比如"重量 × 单价 = 价格"，方便查错和快速修改，还要把数据和你的操作建立公式关系，比如筛选供应商小明之后就能直接看到小明的汇总数据，而不需要再自己手动加总。

工作不是拼谁力气更大，而是要真的活儿好。

米拉真的很聪明，聊完之后很快就重新做了一版表格出来。对比一下：

职场 尤里卡

职场30年不如一日

旧版：

供应商	水果	重量	总重量	单价	金额
小明	香蕉	1500		0.4	
	香蕉	2500		0.4	
小计			4000		1600
	芭乐	2300		0.8	
	芭乐	1700		0.8	
小计			4000		3200
总计					4800

新版：

供应商	日期	水果	重量（kg）	单价（元/kg）	金额（元）
小明	13/6/17	香蕉	1.8	400	720
冯通	16/6/17	香蕉	2.5	400	1000
种太阳	11/6/17	香蕉	1.9	400	760
种太阳	18/6/17	香蕉	2.0	400	800
小明	13/6/17	芭乐	2.3	800	1840
冯通	16/6/17	芭乐	1.7	800	1360
种太阳	18/6/17	芭乐	2.0	800	1600

几个重要的改动：

1. 所有供应商合并入一张表格，方便批量处理、供应商横向比较。

2．所有日期数据合并入一张表格，方便整体或单一供应商纵向比较。

3．统一了唯一数据源，避免漏计、多计、错计货款的情况。

4．保留了单价，因为价格有可能会随着时间波动。

米拉说自己好像真的有了一些收获：我们要用心去对待工作中的任务，主动去理解公司的业务，理解客户的需求，理解自己的价值，再开始使用技巧来设计自己的工作方式，提高工作效率。

一点小结

对于你来说，这个故事的价值是什么呢？

1．工作之道：不应该是约炮式的"应酬"，而要是走心式的"恋爱"。

2．工作之法：不要总是搬砖，而应该主动思考。

3．工作之术：不能靠蛮干，而需要技巧。

4．对事物作判断不能操之过急。比如这篇文章，你不应该大概看一眼，就觉得我是一个喜欢在工作里骚扰女下属的中年流氓。但你可能也注意到了，我从来没有用"她"来指代米拉。原因也很简单，米拉，他也是个直男。

职场30年不如一日

Eureka

　我们不可能真的和自己的工作谈恋爱，但我们应该按照谈恋爱的方式去工作：要热爱工作。因此就要用心，要主动，要有技巧。试想如果让你和一个自己根本不喜欢的人一年 12 个月、一个月 22 天、一天 10 小时地待在一起，然后每个月给你一点钱作为补偿，你能接受吗？长期来看，你能快乐吗？

张薪微积分

如何找回自己的效率

问

日日你好。我的第二份工作三个月就辞职了，感觉公司是在骗投资人钱。但是不知道为什么，离职后心情跌到了谷底。其他城市有很多符合预期的工作机会，但因为要结婚了都没有去。在家五个月效率真是超低。第一份工作时不管是上班还是接外包基本都是工作狂，也是高效和快速学习拿到的口碑。现在在家感觉手忙脚乱都是瞎忙。教程也没看完、东西也没做完，情绪低落。

我该如何找回自己的效率呢？

答

感谢你的提问。最近其实我也正在遭遇这个"找不到自己的效率"的困惑。

大概是三年前，我换了第二份工作，离家特别远。多

职场 尤里卡

职场30年不如一日

日日尤里卡系列

远呢？每天从我出家门到进公司门，一共是 90 分钟，其中有 65 分钟左右，是在帝都的地铁上度过的。为了摆脱挤地铁的痛苦，我每次都反着坐几站先到起点站，因为那里可以上车时有座位，然后找个角落坐下来开始看书。那段时间非常辛苦，每天早 8 点出门晚 11 点到家，每天除了睡觉之外，不是在上班，就是在上下班的路上，平均一天工作 13 个小时。

但收获也是巨大的。除了年薪从之前的 10 万快速升到 30 万之外，在地铁上每天来回看了很多本书。基本上我当时一个月能看完 10 本，有时甚至近 20 本。而且因为工作时间需要配合客户，到了下午晚饭前的时间公司就没什么事了，公司领导就会抓着我们一起去健身，边运动边聊工作，挺神奇的。所以虽然每天累得像狗一样，但身体反而是最好的状态。巅峰的 4+1 块腹肌也是那个时候练出来的（所谓 4+1，就是上面 4 块很清楚了，下面 2 块还没分开，还是 1 坨）。

回忆那段时间，真的是效率炸裂：

- 工资一年多涨了 200%。
- 每个月看书 10—20 本。
- 每周坚持健身 3 次以上，体脂率达历史最低。

后来也不知道怎么了，效率就不见了。

今年过年之后的状态，一直到现在，都不是很好。收入稳定在每月 6 位数的水平，没有大的提升，看不到财富自由的可能性。健身也去得少了，肚子上多了游泳圈，腹肌不见了，脸变大的速度已经盖过了脱发的速度。书也很少看了，连续 2 个月每月只看了不到 5 本书，而且一般都是月底焦虑时一下午看完的。

昨晚睡觉的时候突然觉得，活着好无聊啊，不知道自己怎么回事：

- 每天都是凌晨 2 点睡觉中午 11 点起床。
- 下午刷刷微博就到了晚上。
- 晚上只想玩游戏，或者发呆。
- 到了半夜 12 点，感觉一天就这么荒废了，没脸睡觉，于是熬夜……

恶性循环，没完没了。我自己也很焦虑，因为人生只能过一次，浪费一天少一天。哪怕抓紧时间疯玩疯浪，也比赖在原地不动要好得多呀。

那怎么样重新动起来？怎么样找回自己的效率？说一下我的想法。

高效的高三

我常对别人说，也是这样对自己说的：活着的意义，就是活着本身。而生活的意义，是要懂得生活。人生根本

职场30年不如一日

没有意义，除非你赋予它意义。而我给自己的人生赋予的意义，就是"体验"，去体验不同的世界。那我怎样才能更好地体验这个世界呢？

- 首先，要有好的身体。
- 其次，要有好的目标。
- 最后，要有好的习惯。

于是我开始回忆自己一生中什么时间做这三点做得最好。居然不是我第二份工作的时候，还有更好的时候。就是高中，具体来说，是高三。那会儿年轻嘛，身体真好，通宵打电脑然后接着考数学还能得满分。目标也不用自己预设，因为反正就是高考，分数越高越好。也不需要习惯，如果早上不起床，就完蛋了，晚上不睡觉，第二天起不来也完蛋。当我被高三生活赶着向前走的时候，效率简直高到炸裂。

那问题就从"如何找回效率"变成了"如何回到高三时的效率"，简单多了。高三为什么效率高？我觉得有两个特别重要的原因：

- 目标非常明确，所以不用在制定目标上浪费时间。
- 时间被规划得非常满，为了跟上目标，没有浪费时间的机会。

那我现在只要也做到这两点就够了。

制定目标

高考是别人给定的。现在没别人了，目标只能自己提前定好。我已经定了大方向，就是体验世界，那么细分下来，就是三大块：

- 身体，是革命的本钱，一周最少锻练 3 次。已经请了私教，坚持全力找虐。
- 金钱，自由职业为了有稳定的收入，必须持续投入，否则自取灭亡。
- 技能，基于自己的兴趣，掌握更多的有用技能，更好地体验世界。比如司法考试、比如日语二级、比如弹弹钢琴，都可以。只要是自己真的喜欢就行。嗯，现在目标有了。

规划时间

怎么规划时间最有效？我不知道。我从小就没有规划过时间，也没做过时间管理。我觉得时间管理里最有用的两句话是：

1. 最高效的时间管理就是不管理时间，永远只做最重要的事，其他事情都往后放，就可以了。

2. 当下最重要的事，就是弄清楚当下最重要的事是什么，然后去做。

职场尤里卡

职场30年不如一日

但这两句话，一是太虚太宏观了，容易被理解成鸡汤；二是当我状态好的时候，确实没问题，但我现在状态不好，需要更务实的东西来帮我。所以我就想起了高三时最让我讨厌的东西——课程表。反正没试过，我现在想试试。下面就是我昨晚痛苦地睡去之后，今天白天沉重地编制出的课程表：

		一	二	三	四	五	六	日
上	09：00—10：00	洗漱＋早饭						
	10：00—12：00	读书	读书	读书	电影院	读书	读书	读书
中	12：00—14：00	电影＋午饭						
下	14：00—18：00	健身	工作	健身	读书	健身	工作	工作
	18：00—21：00	工作	游戏	工作	休息	工作	游戏	游戏
晚	21：00—23：00	学习	学习	学习	休息	学习	学习	学习
	23：00—24：00	洗漱						

逻辑大概是这样的：

1. 早睡早起，提前适应中年人作息。

2. 早起读书，2 小时足够看完至少 1 本了。忘记哪部战争电影里有句台词说，"军队给我的最大收获，就是 5 点起床做很多事，等别人 9 点才起床时，我已经完成了比他们一天做的都要多的事。"时间就是这样抢出来的，所以早起看本书，听起来负担比较小，看书也是我喜欢的事。

3. 一周至少健身 3 次，不健身的时候就打游戏。

4. 每天都要工作，包括写文章、回答问题、更新公众号、回复分答之类。

5. 每天晚上睡前安排一点时间学习，个人觉得那个时间是我效率最高的时候，而且学习随时可以中断（相比于游戏和工作），也不容易由于手头的事没做完而被迫晚睡。

6. 周四是我的休息日，当天什么都不干。生活还是要有点"仪式感"，没有了工作日和双休日之分，过得浑浑噩噩，都不知道今天是周几。定一个休息日放在一周的中间（错开上班族的周末），感觉还挺有趣的，可以试试。

写到这里，我觉得自己的效率已经有点要回来的样子了。所以你看，人类是非常聪明的生物，由于人类学会了"想象"这个技巧，不仅可以思考一些并不存在的抽象概念，而且还能用这些概念来进行"欺骗"：当我们用一些不好的概念自欺欺人时，我们就变得越来越安于现状、无法奋斗；而反过来，用一样的道理，只不过换成好的概念，比如"课程表"来自欺欺人时，我们就能找回奋斗的感觉，坚持进阶。

希望我真的能坚持，也希望这个不算讲道理更像编故事的答案，能帮你也找到效率。加油共勉！啊，按"课程表"的安排，现在是午夜 12 点整，我该去睡了，晚安。

职场 尤里卡

职场30年不如一日

你玩游戏的时候可能会发现，自己根本停不下来，不自觉地就跟着游戏设计者提供的各种任务、奖励、关卡一路玩下去了，并且乐在其中。既然都说"人生如戏"，为什么不把人生也想象成一款实时在线的角色扮演游戏呢？你就是自己游戏的关卡设计师，开始想想自己要什么样的任务栏和技能树吧。

最后一次回顾年终奖，决定要不要跳槽

就我个人的职场经历而言，我觉得跳槽的时间选择是非常有讲究的。可能会有很多人以为，一年中随便哪个时间，只要有好的机会就可以跳槽。以前的我也这么天真地认为，结果教训是惨重的。在不那么好的时间跳槽，可能会导致你在打工的路上，耽误 1 年甚至 2 年的升职加薪机会。或者反过来说，存在一个时间区间，是我基于个人经验认为的最适合跳槽的时间点——每年的 3 月 1 日至 4 月 1 日之间的时间窗口。为什么呢？下面说。

时间窗口

升职加薪的路上，最重要的永远是机遇。可是机遇这东西，可遇不可求。你若不是一直关注市场动向，未必能及时获取有价值的信息。但如果你总是在关注这些，又容易分心、浮躁。所以这里有一个权衡的做法：在大部分时间里，轻度关注——订阅一些行业报道的公众号，养成每天都了解行业动态的习惯；在特殊时间里，高度关注——

职场 尤里卡

职场30年不如一日

真的准备投简历、面试、拿 offer。那什么时间段，算是特殊时间段呢？

比如我所了解的大部分互联网公司，都是将每年的 4 月初作为 "HR 年度" 的开端。这就意味着，如果这个公司一年只有一次升职加薪机会，那么一般就会在每年的 4 月进行调整。如果这个公司一年有两次机会，那么一般会在每年的 4 月和 10 月调整。注意：你能参与调薪的前提，一般都是 "评级调薪时，你已经入职满一个 HR 周期了"。如果你是新入职，一般这个周期是一年。也就是说，如果你是在今年 4 月前入职，那么到明年 4 月评级调薪时，你就入职满一年了，就有可能因为这一年表现不错，而获得升迁。反过来，就没你什么事。

想象一下，最惨的就是你在 2017 年 4 月 2 日那天入职，到 2018 年 4 月 1 日评级调薪时，HR 大笔一挥就把你从 "工作满一年的新人" 列表里筛掉了。你只能等到 2018 年 10 月 1 日甚至到 2019 年 4 月 1 日才能轮到。算一下，2017 年 4 月 2 日—2019 年 4 月 1 日，两年的时间你才能作为 "新人" 参与第一次属于你的升迁，年度最悲惨人物非你莫属。不开玩笑，我说的其实就是我自己……

我其中的一份工作，就是在某年的 4 月 16 日入职的，惨爆了。到那年 10 月 1 日时，因为公司发展非常快，所有表现好的员工都加薪了，除了我。后来领导据理力争，说就差十天半个月而已，这个核心员工这一批一定要加薪，跟 HRD 吵了一架。

结果呢，HRD 和领导各退一步，把本来要涨的 30% 薪水，变成了 20%。HRD 向 CEO 汇报时也有了借口，领导对我也算有了交代。听起来是不是还不错？麻烦还在后面呢。等到了第二年的 4 月 1 日时，又要升职加薪了，作为核心员工当然还要给我加薪呀，于是事儿又来了。HRD 说上次就是破格给这哥们儿涨了薪水，CEO 已经觉得很奇怪了，这次又来，太敏感了。领导又跟 HRD 吵了一架，没吵过，拽着 HRD 找 CEO 争执了半天。最后 CEO 妥协了，说那就象征性地涨一下吧，鼓舞士气。于是，在其他表现好的员工都涨薪 25% 的时候，给我涨了 10% 来"鼓舞士气"。说到这我心里都是苦水啊。

你以为这就是最惨的了？根本不是。想想看，我就算是核心员工，可那个时候我还年轻啊，离公司核心层还差很远，我为什么会知道上面这些细节？我也不认识 HRD，也不认识 CEO，我只认识我们领导啊。所以，是我们领导把他如何据理力争帮我"抢"到了加薪机会的经过，一五一十栩栩如生地讲给我听的。我不会拿不好的意图去揣测一个在共事的时间里一直真心帮助我的领导，我只是想说，将心比心，你在战场上杀敌受苦了，大将出马替你争功，这时作为一个"马前卒"，你会怎么样？是不是会出

职场 尤里卡

职场30年不如一日

于本能、出于感激，甚至出于"给您添麻烦了"的愧疚，更加奋勇杀敌？

于是我心里就有了两个非常矛盾的声音：一个声音说，要好好努力啊，领导很看重你，为你去挑战公司的规定。另一个声音说，公司规定本来就很傻啊，10 多天的时间有必要卡那么严吗？我的待遇提升难道不应该是我靠自己努力换来的吗？有目共睹啊！但后一个声音总会被质疑，觉得自己是不是太自以为是了，其实自己并不值这么多钱，是不是领导利用了潜规则来帮自己争取不当利益。

所以，如果你错过了好的时间窗口，特别是像我一样，选在了一个最不好的时间去跳槽，那么这个决定会像鬼影一样一直跟着你。浪费半年一年的，其实也还好，年轻嘛，总能坚持。最可怕的是，这种事情会让你在这个用金钱来标记你个人贡献、个人努力、个人价值的职场里，开始自我怀疑。一旦心态乱了，职业发展肯定会受影响，而且这种潜移默化的影响，很可能需要过很久才被意识到。

收集信息

提前了解自己行业里各家公司的"时间窗口"，对于你自己决定何时去高度关注跳槽信息是非常重要的。但这只是对外部信息而言。对内部信息，也有时间窗口。而内部

涨薪微积分

信息中，年终奖就是一个非常重要的点。

因为我只在互联网行业待过，所以还是拿我熟悉的互联网公司举例子。很多公司都采用年终奖的福利形式，来提升工作效率，降低人员流动性。原因很简单：

一是年终奖的金额，往往相当于员工平时 1—8 个月的月薪，比较极端的情况甚至年终奖直接发 50 个月的月薪也不是没可能（比如腾讯游戏的某部门）。这么大一笔钱一下发到你手里，冲击力绝对比平均分到每个月强烈得多。所以同样的钱，用年终奖的形式发放，更能让员工开心。反过来，很多人没领到年终奖舍不得走，所以相当于降低了员工平时的离职率。

二是年终奖不像月薪，由于它浮动范围特别大，所以可以更好地鼓励员工努力工作，多劳多得，用最直接的金钱来提升团队的工作效率。

三是年终奖在税收上税率低一些，公司能用同样的钱扣更少的税，实际发给员工更大的红包，省到就是赚到，合理避税的便宜一定要占。

但一般来说，不仅是工资，包括职级和年终奖，很可能都是保密的。我曾经在一条"分答"的语音问答里说过，判断一个同事能不能深交、值不值得信任、到底是要打交道还是交朋友，主要就看对方能不能冒着风险对你展示出信任，愿意和你互相交换彼此的工资信息。为什么？因

职场 尤里卡

职场30年不如一日

日日尤里卡系列

为工资在哪家公司，都算得上是敏感信息。但再敏感的信息，随着时间推移，慢慢也就不敏感了，因为"时效性"降低了。比如说，年终奖一般是春节前后发的，有的公司是元旦前后，反正都过去个把月了。这个时候，你再去私下打听年终奖的信息，就比当时更容易获得有效内容。所以3月可以多去了解一些这方面的信息，供后续决策参考。2月发了年终奖，4月前要完成跳槽，这个窗口中间就是3月，最适合去了解相关信息。

除了年终奖之外，你还要收集一个很重要的信息：工作绩效。不要去关心领导给员工的绩效打分情况，那个是曲线救国，没意义。领导给你打个 A 还是 B 甚至打成 SSR 级，有什么用？关键还是看最后转化成白花花的银子能有多少年终奖。所以干嘛不直接了解年终奖的情况呢？因此，我们上面说的工作绩效，不是领导给打的分数，而是你亲眼看到的你身边每个同事在年前年后（其实就是年终奖发放前后）真实工作表现到底如何。收集信息时你会发现有这么几种人：

第一种：可能已经离职了，或者准备要离职了，如果你不是太迟钝的话，其实你能感觉得到。一个人过完年回来都一个月了，还是成天表情凝重却又心不在焉，这八成就是要走了。找这些人问年终奖信息，你能知道更多场外信息，因为反正他们要走了，人之将走，其言也善。

第二种：有的人可能年前玩儿命表现，年后马上就放松了。这些人不管年终奖拿得如何，都是表现型选手。你一定要获取到这些人的年终奖情况，如果他们拿的钱很多，特别是比你多很多，那你就要反省了，是你实在太弱还是公司领导根本就是蠢货？如果年前好好表现年终奖就会多很多的话，说明这个公司，至少这个团队内部，对于工作的鼓励方式是不健康的，那你是否要继续待在这个地方呢？

第三种：有的人可能年前一直比较平淡，年后突然发力了。不排除个别同志是过了个年灵魂幡然醒悟、开始踏上勇闯人生巅峰的征途，但绝大多数情况下，这种家伙肯定是年终奖领爽了。这种人很可能不太愿意告诉你真实情况，毕竟闷声发大财比较好。所以你要问第一种准备离职的人，这种家伙到底领了多少钱能给弄成这样，都重新做人了。而且十之八九，准备离职的人就是被这第三种人给刺激走的。

第四种：有的人从一而终地在努力工作，他们的年终奖对你来说，就是你继续待在这里的"天花板"。也就是说，你再像他们一样坚持奋斗上一整年，拿的年终奖也差不多就是他们去年拿的钱，再加个通货膨胀率啥的。

收集到这些信息之后，就要去反省了：

1. 为什么你和别人年终奖有差距，是多了还是少了？

日日尤里卡系列

你觉得这样公平吗？

2．年终奖最多和最少的人差多少，是长期的工作差异，还是年前的集中表现？你觉得这样公平吗？

3．准备离开的人，为什么要离开，打算去哪，知道待遇吗？能从中参考什么？

4．如果你从今年 4 月认真努力的话，未来一年你预期待遇会如何？这个目标值得你奋斗吗？

个人心态

选择 3 月这个时间窗口来收集信息并进行决策，还因为这个时间点会对人的心态有微妙的影响。

你的心态

如果你磨磨蹭蹭一直到 6 月才开始考虑要不要离职，那从 3 月到 6 月中间的 3 个月其实未必会发生什么新的重要事件来左右你的选择，但你的决策处境却更被动了：

- 要不要再等 1 个月看看 6 月底的年中绩效？
- 要不要之后再等 3 个月看看 10 月的升职加薪？
- 要不要之后再等 3 个月看看明年 2 月的年终奖？

假如继续等，你很可能就不是在"选择不做"，而是在"不做选择"。可假如你不想等，决定走，你心里就需要割舍今年已经投入的 3 个月的沉没成本，以及可能浪费入职后从今年 6

月到 10 月的这段不属于完整"HR 年度"的时间。

如果可预期的未来几个月不会有什么重大事件，现在就赶紧做决策吧，最后的时间窗口了。如果你现在动手，4 月前入职，在新公司你正好可以翻开新的一页，在一个完整的年度里认真努力。

领导的心态

如果现在走，说实话相对会容易些。因为如果"HR 年度"是从 4 月开始，那么这个行业里很多人都会选择年终奖领完了就跳槽，所以这是一个各家公司都在招人的时间段。你随大流就不会特别影响领导对团队人员的安排。但你要是年度中间突然想走，也不是不可以，可是对领导来说，就更像是一个意外。领导可能会想各种办法拖你、劝你，甚至刁难你，尤其是当他背负着团队稳定性的相关 KPI 的话。如果把这个点和你上面的沉没成本放在一起，就更悲催。领导就算成功把你留下来了，他心里可能已经把你贴上"迟早要走"的标签了，而你很可能也不那么认真努力了，那么到年底发年终奖的时候，想必不会给你发太多吧。

所以，尽快想想这件事，哪怕想了决定不动，也比待着不动明年再想要好。

最重要的是，哪怕你根本不想跳槽，这个时间点去了解一下市场上的动向也是值得的，相当于在别人集中跳槽

职场30年不如一日

的日子里，你顺便更新了一下今年的猎头信息。

米拉的故事

米拉这个名字是虚构的，但这个故事是真的。

离过年还有 5 个月的时候，小明在群里问大家，说他女朋友米拉工作得不开心，想要等等看今年年终奖发得多不多，再决定要不要跳槽。我说其实不管年终奖多少，保证自己有选择权总是没错的。不如现在先看看机会，万一年底真的悲剧了，也不至于两眼一抹黑。小明回复说，道理是没错，可是挺麻烦的。又要工作，还经常加班，简历很久没更新没准备了，投的话投哪儿呢，如果人家要面试不还得请假去吗，有了offer 是走还是不走呢，想想就好痛苦。

后来事实证明，米拉的公司确实不靠谱，给她这个 3 年多的老员工只发了不到 1 个月的年终奖，也就几千块，还不够换 iPhone7。小明说米拉本来是想看年终奖多少再决定走不走，结果年终奖这么悲剧。而且她早就决定要走了，只不过想忍到年终奖发下来开开心心过个年，谁知道现在白白浪费了半年时间，就换来了几千块钱，后悔得要死。

努力，并不是无脑搬砖，苦逼加班。努力，应该是深刻而透彻的思考，果断而全力的执行。那我们就来谈谈

张薪微积分

"要不要等发了年终奖再辞职"这个问题。

首先，你是确定要辞职了吗？还是真的等等看？很多时候，我们都因为太擅长给自己的懒惰和不负责任找借口，所以会故意推迟自己明明已经决定的事情，骗自己说"我还是等等看吧"，就像米拉那样。

其次，不管是否要辞职，有些事都该持续去做。如果你决定要走了，那赶紧收集信息吧。如果你没决定，还在等年终奖的情况，那你同步收集信息不也是有备无患吗？甚至现在不是年底，你刚刚入职而已，也有必要持续关注自己所处行业的动态，了解自己在人力市场上的价值，从而掌握决策的主动权。毕竟，如果你不替自己做决定，就会有人替你做决定。

最后，不管你是要跳槽还是先不跳槽，有些误区你都要及时澄清。在薪水方面，目前有哪些市场机会？你的期望数字又是多少？在跳槽方面，你不应该盲目跳槽，跳槽时要注意哪些事项等等。

很多人面临的其实是这样的现状：一方面，我对现在的工作很不爽，但工作中又有一些我看重的东西。另一方面，我如果决定离开的话，又不知道如何挑选下一个合适的选项。这背后最核心的问题，就是你不知道自己真正想要什么。这个问题是没有统一答案的，但换种说法，什么东西是最宝贵最有价值的，就有可能得出相对普适的答案。

日日尤里卡系列

年轻时看《老友记》，有一集 Ross 被新姑娘勾搭，但又舍不得离开 Rachel，于是就找好朋友 Chandler 帮他分析。这绝对是找错人了，首先 Chandler 自己感情也不顺利，长期跟男室友 Joey 在一起还变得有点娘里娘气的小娇羞，其次 Chandler 的工作是个数据分析员，大概率上来讲，从事这个如此理性的职业的人不太懂感情，更不懂女人的感情。结果果然悲剧了，Chandler 给 Ross 找了一个类似"资产负债表"一样的东西让 Ross 把新姑娘和 Rachel 各自的优点、缺点列出来，像挑选商品一样去分析人的情感。好死不死这个表格被 Rachel 看到了，当然没有哪个姑娘受得了这种侮辱，直接分手。

其实这个梗是有出处的。美国宪法的起草者之一本杰明·富兰克林在自己的私人信件中提到过这种决策方法：把"正"和"反"的理由列出来，删除两边同等重要的以及完全不重要的，剩下的就是既重要又不同的条件，从中做出最后的选择。这确实是一个非常不错的逻辑分析方法，听起来非常"理性人"。但在我们的生活中，最重要的往往并不是找出完美的选项，而是要找出足够好的选项就可以了。所以我们一定要明白，哪些因素才是真正重要的、真正值得考虑的，而不是事无巨细地全盘分析。

比如在 Ross 的这个例子里，其实答案是非常清晰的：Ross 在新姑娘的"缺点"一栏里写着"她毕竟不是

Rachel"。这不就得了，直接选 Rachel 啊，还能有谁比 Rachel 更 Rachel？还犹豫纠结什么？结婚生子、happy forever、the end、出字幕，《老友记》就演完了，根本不用出到第十季。但 Ross 在这样的理由面前还在权衡，最后错失了真爱。

在工作中，什么东西是最宝贵的呢？就是时机。工作最核心的目的，是赚钱养活自己，像"自我实现"什么的，都是并不容易量化的、相对高阶之后才会出现的额外指标。说到赚钱的话，一个风口来了，可能 1 年就抵得上 10 年，甚至直接一辈子财富自由。可是机会这东西，可遇不可求，要想自己创造大的机会，那太困难了，我们只能时刻做好准备，尽量让自己不要错失机会。那在"时机"里，"机"如果不可控，剩下最宝贵的，就只有"时"了。

表面上看，在发年终奖之前离开，错失了一笔钱，这是损失。但事实上，如果为了等这笔不知道具体数额的钱，而白白浪费时间在一家注定要尽快离开的公司，同样是损失啊。而且损失的是更宝贵的时间，以及时间背后的机会成本。这并不是说，决定了要离开，就一定马上离开，不管年终奖什么奖的都不要了。而是说，正因为离开可能意味着损失年终奖、不离开可能损失宝贵的时间，所以才要更加谨慎地权衡利弊。

不论怎么权衡，不论权衡的结果如何，只要是自己主

动做出了选择，那么都会有收获。选对了，赚了，爽。选错了，至少你学会了要为自己的选择承担后果，也有经验和教训。最错误的做法，就是把"不做选择"当成是"选择不做"。就像故事里的米拉，"等等看吧"，然后就真的除了等，什么也没做。果然，当你不替自己做选择时，别人马上就替你做了选择，结局往往就是对你最不利的情况：

白浪费了时间，年终奖还少得可怜。

一定要把选择的主动权拿在自己手里，毕竟"选择放弃"和"放弃选择"有着本质区别。

小时候父母教导我们"防人之心不可无"，并不是想吓唬我们说社会上都是坏人，而是要告诉我们，永远不要把自己切身利益的决定权放在别人手里。在职场中也一样，我并不是说你应该在什么时候一定跳槽，而是说万一当你被迫跳槽时，你最好已经提前做好了准备。不要混淆"选择不做"和"不做选择"，后者不过是自欺欺人罢了，你不做选择，就会有别人替你做。

如何从年薪 30 万到 100 万
——基础篇

　　如果你已经年薪 30 万了，那下一步应该是年薪 100 万。也许你觉得自己已经不是新手了，可在从老手向高手转化时，还是遇到了瓶颈。怎样才能更好地在职场上继续提升自己，而不要 5 年 10 年地停留在看似安逸的平台期呢？这篇或许能给你一些帮助。

　　如果你还没有到年薪 30 万，那么提升的空间可能会更大一些。所谓"求其上者得其中，求其中者得其下"，提前树立一个比较高比较远的长期目标，未必是坏事。因为机会突然降临时，极有可能是很快的。我自己从年薪 30 万到 100 万，也就只花了 2 年多时间。

　　我把职场分成了三个阶段，新手、老手、高手。由于工作的主要目的是赚钱，那不妨用年薪数字来对应这 3 个不同的身份。不同行业的起薪点不同，但在大部分行业里，当一个员工的月薪达到 2 万时，都算是进入到了更高的层面，而月薪 2 万对应的年薪差不多就是 30 万。当员工再继续提升自我，对公司、组织和平台变得越来越重要，

职场尤里卡

职场30年不如一日

月薪可能会达到相当丰厚的 5 万，同时会配给一些期权、股票之类的额外福利，对应的年薪差不多就是 100 万。所以简单粗暴地来看，年薪 30 万以下的，可以认为是新手；30 万—100 万之间的，是老手；超过 100 万的，则变成了高手。这篇就是试图在"老手进阶，成为高手"的路上，为大家提供一些经验。

关于加班

为什么会存在加班这种事

作为一个老手，千万不要像新手一样看待加班，觉得加班是被领导强加的，被其他人拖累的，被突发情况干扰的。加班，是一种理应出现的常态。因为哪怕你做到了 100 分，你仍然可以向 120 分努力，更何况在绝大多数情况下，我们都只做到 80 分甚至是 60 分。所以，活儿是干不完的，班也是加不完的。

你不接受，那又如何？谁会在乎？影响的不过是自己的心态。小孩才分对错，大人只看利弊。越早接受加班是常态这一点，对你的心态越有好处。如何才能不被规则限制？走在规则的前面，甚至引领规则。永远比别人多做一步，比别人要求的多做一步，给别人惊喜，才能算得上是"求其上者得其中"。如果你的目标是养老，还可以得过且

张薪微积分

过。但如果你的目标是从老手到高手，你就要付出更多，甚至要付出的比你目前得到的还要多。向未来要回报，就得向现在要投入。

你是为了什么在加班

毛主席说"革命不是请客吃饭"，这是一个很有趣的智慧。很多时候，我们无法一下找到正确答案，但是我们可以通过不断地排除错误答案，来逼近事实的真相。比如，我们加班不是为了什么？

不是为了领导。你已经年薪 30 万了，相信一定不是靠着阿谀奉承才有今天的成就。即便最大的因素是机遇，那也一定是以自己不错的能力作为前提的。那么，一个有能力的你，在必要的情况下，一定完全可以离开当前的工作职位，换一个地方赚取差不多的收入。所以，在法制社会里，领导完全不能把你怎么样，你也完全没有必要过分委屈求全。但这样说，不是鼓励你反抗什么，只是告诉你一个你明明知道但可能忽视了的事实：当你告诉自己，没必要过分在意领导的感受之后，你对工作中很多事情的看法会发生变化，你的工作态度、情绪、热情也会发生变化，你会明白自己是为了自己而在工作。这种变化，是老手和高手的核心区别之一。

不是为了公司。不过年薪 30 万而已，对公司来说你

充其量算个中层管理者，这样的人大公司里有成百上千个，小公司里估计也有几十个，而且还有大把的人随时可以顶替。所以对于公司而言，你没那么重要，别太把自己当回事了，这种幻觉对你的发展不利。但这样说，不是告诉你不用尽责，只是告诉你一个你明明知道不对，但却可能一直在用的借口。当你告诉自己，你做这些并不是为了公司的时候，你对工作中很多事情的看法会发生变化，你的工作态度、情绪、热情也会发生变化，你会明白是为了自己而在工作。而这种变化，是老手和高手的核心区别之二。

不是为了钱。没错，你甚至不是为了钱在工作。你当然可以为了钱而工作，成为一个赚钱很拿手的"匠人"，但这也就到头了。钱，不过是公司用来衡量你对整个组织带来价值的一个数字。公司投入资本、承担风险，你投入劳动力、换取报酬，整个过程中创造出来的价值，大头都被公司拿走了，而你分到的只是非常小的一部分收入。钱作为一种外部动机，会慢慢破坏你的内部动机，你会慢慢误以为自己选择了这份工作只是因为钱多，而忘记了自己最初心中的热爱和想要做出一些改变的热情，这样下去，你就只会变成一个老手。

应该为了什么而加班
马克思说，内因决定了外因。想要成为高手甚至是大师，就必须从心态上消除"打工者"的身份，变成"为自己工作"。你所做的一切，都是为了学到更多的技能、提升自己的水平、等待机会的来临。当组织需要一个更优秀的人来承担更大的风险，并且愿意给予更大的回报时，你最好已经做好了准备。

做一件你以前不知道的事，是在学习。而做一件你知道但没做过的事，是在从"知道"到"做到"，仍然是在学习。听起来特别鸡汤，但事实就是如此。公司不是你的，可生活是你的。只有当你拥有了更多的能力以及由能力带来的选择权，你才能更自由地享受自己的生活。既然是自己的生活，那就是在为自己而工作。当你为自己工作时，你还会很在意是否周末、是否休假吗？每个虚度掉的日子，都是在浪费自己的时间，都是在阻止自己变得更好。

如何让工作的投入不浪费，如何避免让所谓的 10 年工作经验变成 1 年经验重复 10 次呢？你需要"刻意练习"：要有明确的目标，要专注，要走出舒适区，要有反馈。

怎样才能少加班

既然是为了自己工作，那就没必要装辛苦、秀付出，那样没意义。你应该追求的是效率，是投入最少的时间和精力换取最大的结果和产出。这时就要做一些"时间管理"，在合理加班的过程中，最大限度地减少加班时间。毕

职场 尤里卡

职场30年不如一日

竟工作是生活的一部分，是为了更好地生活。不应该为了工作而牺牲掉生活，完全投入到加班中去。

定价。给自己的时间定价。减少生活中的"无效娱乐"，要玩就好好玩，不要为了休息而刻意去浪费时间。减少工作中的"无效努力"，投入产出比太低的事情，压根就不要去做，即便是必须有人去做的，也尽量让更合适的人做，比如实习生、外包，劳动分工才是提升劳动效率的最有效手段。既然你的薪水更高，那么你的时间对公司来说就更贵，不应该浪费在不值钱的事情上。

筛选。所有值得做的事情里，永远优先去做那些最值得做的事情。今天要完成 5 个任务，其中 3 个虽然简单但不重要，那就干脆不做。就像"光盘行动"并不是一件好事，每次都吃完可能会吃撑，久而久之还会越来越胖。宁可浪费在外面，也不浪费在里面，才是良性循环。一次完成不了，反馈出问题，以后就减少那些不重要的工作，提高个人时间利用效率。

复核。按紧急和重要两个维度分成四象限，定价的目的就是除掉"不紧急不重要"的事，而"筛选"则是优先做那些"紧急又重要"的事。但依然有很大一部分工作，是"紧急不重要"或者"重要不紧急"的，一直在待完成列表里，怎么办？阶段性地重新评估所有事情的紧急程度和重要程度，看它们是否已经发生变化，重复"定价"和"筛选"的过程。如果确实分不出优先级，优先做那些必须由你完成，别人无法替代的事情。比如，这件事情就是你在负责，或者只有你了解细节，或者后续工作要依赖于你这一环节的完成才能开始。

同步。不要成为任务的瓶颈，最重要的就是先做到不成为信息的瓶颈。相关的信息，及时同步出去，周知各方，让别人提前做好准备或心理预期。特别是当新任务出现时，通知会受到影响的各方。涉及冲突时，同步出你的优先级判断标准，达成共识，转移压力。

关于领导

你是领导还是专家

领导和专家，本质区别在哪里？我们从 KPI 考核指标来看：专家更需要的是个人在专业领域里的技术和能力，可能占 80% 甚至更多。而领导更需要的是团队管理能力，个人能力只占 50% 甚至更少，关键是带领团队出成果。这两者有时是模糊的，取决于不同公司的不同项目。但本质上，就是看你是更多地为自己负责，还是更多地为团队负责。如何判断自己应该选哪一条路，主要看两个标准：

一看个人意愿。你是更喜欢"靠做事来做人"，还是更喜欢"靠做人来做事"。不论做人还是做事，最后的目的都是把工作做好。对专家而言，更喜欢事务方面的挑战，偏向于逻辑

日日尤里卡系列

技术、流程设计等细节层面。对领导而言，更喜欢人际方面的挑战，偏向于资源配置、部门对接等宏观层面。

二看现实情况。不要总选容易的，而应该选正确的。有的任务，主要的风险在于能否高效地执行，那么一般就是专家在其中发挥核心作用。而有的任务，主要的风险在于能否得到有效的资源支持，那么一般就是领导在其中发挥核心作用。你所在的领域，哪种任务更常见，决定了哪个角色更核心。

做领导，需要哪些核心素质

上面说了"革命不是请客吃饭"，用排除法来寻找正确答案是个不错的思路。

1. 领导不需要比员工更懂。美国学者劳伦斯·彼得提出过一个也被称为"向上爬"理论的彼得原理。因为在各种组织中，习惯于对在某个等级上称职的人员进行晋升提拔，因而雇员总是趋向于被晋升到不称职的地位上，然后停滞不动。这在某种程度上，确实是很多下属觉得领导还不如自己的原因。但事实上，并不是所有领导都是如此。领导不需要对自己下属的所有工作细节都懂得比下属还多，那样要么是浪费领导的时间和精力，要么说明下属实在太没用了，才会给企业造成这样的人力资源的浪费。领导最需要知道的是三件事：一是完成这件事需要什么能力，二是哪个员工拥有这种能力，三是如何通过管理能力让这个员工愿意去完成那个任务。这才是领导的核心价值。

2. 领导不需要刻意强势。曾经有一位小学老师在"分答"上问我,为什么她当了班主任之后,发脾气的次数比当代课老师时明显变多了,其实这就是心理落差导致的。这位老师以为自己当了班主任,学生就自然该听他的,但事实上老师的权威并不是由头衔带来的。而且,越是展现自己的强势,越可能暴露出自己黔驴技穷的弱势本质,当别人意识到你除了发飙干不了别的时,他们就再也不会听命于你了。权力的本质,是一种幻觉,来自于神秘感,以及背后的不确定性。既然工作中的情绪不是目的,只是工具,那就该把好钢用在刀刃上,只在必须要动用行政权威的时候再强势,才能达到最好的效果。平时大部分时间,还是应该就事论事、以理服人,这样的领导风格,才最轻松。

3. 领导不需要事事裁决。这也是很多刚当上领导的人容易犯的错误,把下属已经完成的任务再重新核查一次,或者在每个环节都要过问细节。一方面这样非常累,另一方面这样会变得越来越累。当员工发现不管做什么都需要你的首肯后,他们为了防止出错,就会选择什么也不做,什么都来请示,反正错了有你顶着。这样的结果就像是,你变成了一个千手观音,可你的大脑还是像以前有两

职场尤里卡
职场30年不如一日

只手时一样弱，那么多的手不仅没有提高你的大脑效率，反而成了互相干扰的累赘。正确的做法是，通过交流和沟通，让下属学会自我驱动，让管理自然而然地发生。具体措施，可以像你最初说服自己自我驱动时一样，详见"关于加班"的部分，只不过这次，你是在说服了自己之后，再去说服你的下属而已。

作为领导，如何持续提升自我

多出论述题，多做选择题。

作为领导，看问题的角度一定要比下属至少高一层，甚至高很多层。但高屋建瓴不能是空中楼阁，得有下面大量的细节支撑作为基础。如此一来，一个高层决策所需要的信息，可能比之前自己做下属时决策所需信息多出几个数量级。到了这种程度，再靠自己收集信息显然就忙不过来了，所以就需要向下属学习细节。

多出一些开放性的论述题。让团队成员边自我学习、边反馈加工之后的有效信息，让自己、也让整个团队的人，共同学习这些内容，提高信息加工效率。下属不仅是团队收集信息的眼、手、嘴，还是脑。而作为领导，虽然不应该事必躬亲，但在关键环节上还是要把控方向和质量，毕竟你才是最后对整个团队产出负责的人。要教会下属，在拿着决策题目来问你的意见时，呈现的不应该仍然是开放式的论述题，而应该是一个相对封闭的选择题。

例如，你问的是如何实现今年销售业绩翻一番。下属应该带着成形的、且他认为可行的 3—5 个方案来汇报，并且给出每个方案的优缺点，最好还能有他自己的倾向及缘由。而你要做的，就是循着汇报的思路，去快速了解必要的信息，然后做出尽可能准确的决策。

关于跳槽

为什么要跳槽

只要你还没有一夜暴富到再也不用从事任何形式的工作，那么你就仍然处在自己的职业生涯当中。按照平均 3 年左右跳槽一次来看，你在 25—55 岁之间，大约会跳槽 10 次。在职业生涯中的每一次跳槽，都是一个很重要的选择，不应该草率对待。我从起薪 10 万升至 20 万，跳槽到 30 万升至 40 万，再跳槽到 60 万升至 80 万，再跳槽就过 100 万了。按照我的经历，你从现在的年薪 30 万到未来的 100 万，中间也不过就隔着两次跳槽而已。

如果你现在已经年薪 30 万了，那么想必你也不会因为"干得不开心""想换个环境""爹妈或另一半要求我"而草率跳槽了。你一定明白，不管是什么原因，都需要认真分析并给出解决方案，确保跳槽能解决这一问题后，再

职场30年不如一日

基于自己的选择来做决策。但问题是，你真的知道跳槽的核心目的是什么吗？

　　曾经有个前辈教导我，我觉得说得很对，也分享给你们：他说职业生涯的前半段，是一个人上升最快的阶段。在这段时间里，我们要尽量做那些小学升初中或者初中升高中的事，而不要重复做那些在不同的小学之间转学的事。也就是说，每次跳槽，都应该带给我们质变，而不仅仅是小规模的量变，那样很容易得不偿失。因为跳槽的风险其实非常大。一方面，你融入一个新的团队、新的工作氛围、新的公司文化，都需要时间，在这段时间里，你的实际进步可能很小，而且工资待遇也不太会有自然增加，万一过半年或一年之后你发现新公司还不如旧的，就傻眼了，毕竟时间成本才是最大的成本。另一方面，如果你跳槽太频繁，会直接影响你的简历可信度，新的面试官会怀疑你是一个浮躁草率的人，否则也不会在职业生涯中频繁离职，甚至都来不及沉淀什么技能。每个人都是自己个人品牌的核心运营者，维护好你在职业领域内的声誉很重要，因为声誉也非常值钱。

　　而跳槽的目的，显然不是在新公司干一辈子，而是为了下一次跳槽时能有更好的机会。所以，在你这次跳槽之前，你就要再多想几步：进入这家新公司的话你能得到什么，你将会在什么情况下离开，离开时你又将去哪里……

张薪微积分

通过这样的思考，来最大程度地控制自己的决策风险。

为了什么而跳槽

个人觉得，真正值得跳槽的原因，只有三个：

1. 去负责一类之前参与过的事情。也就是说，你跳槽之后做的工作，是之前已经做过的，有一些实际经验。但你之前只是作为成员参与，并不是完整地负责，所以你对于整体过程是什么样，大概知道，但却从未做到过。事实上，知道和做到的差距非常大，所以这是一个好机会，让你能够学以致用，更加深入地理解自己已经学会的东西。在这个小领域里，有望从老手变成高手。

2. 去尝试一类之前没做过的事情。也就是说，你跳槽之后做的工作，是之前完全没接触过，或者很少接触的。你对于整体过程没太大概念，甚至可能所有人对这件事都没有概念，都还在尝试。在这个新领域里，你可能面临两种巨大的收获，一是发现了业内的蓝海，从而开创一个崭新的局面。二是由于你在相邻的几个领域里都分别有了从业经验，所以你可能有幸看到了行业链条的全景，能从更高层面去理解整个行业，从老手变成高手。

3. 给的钱多，特别特别多，多得能够完全覆盖你跳槽带来的可能的风险。而且这个钱是确定能给到你的，不是什么空头支票，也不是把你忽悠离职之后再放你鸽子。那

职场30年不如一日

么到底多少算是多呢？看下一题。

跳槽涨薪幅度应该多大

我跳槽的次数不是很多，每次涨薪幅度基本上维持在50%左右，供参考。但相比涨薪，最重要的是你跳槽的目的。如果你跳槽是为了学到新的东西，抓住稀缺机会，进入不同行业，那么可能待遇上即便没有提升也是 OK 的；如果你跳槽是为了追随爱人更换城市，逃离性骚扰的变态上司，争取买房买车的行政指标，那么就算是待遇下降，估计也能接受；但如果你主要是为了钱，在做类似"小学之间转学"的事，那涨薪幅度就一定要慎重考虑了，须考虑以下成本：

1. 上家的涨薪。不论你在之前的公司表现如何，随着通货膨胀、物价上涨，老东家都有可能会进行全公司范围的普涨，甚至由于你表现不错还会有额外的涨薪。随着你的离开，这些肯定都没了。你失去的这些机会，都应该纳入到跳槽带来的收入上涨当中。

2. 下家的涨薪。不论你是去了什么公司，一般而言，新入职的半年甚至一年内，都没有升职加薪机会，除非你表现特别优异。而且如果你跳槽时间比较尴尬，刚好卡在人力资源评估周期边缘，很可能长达一年半甚至两年都无法得到升职加薪的机会，这是很恐怖的事情。

3. 融入成本。不论你跳槽去哪里，很可能都是加入了

涨薪微积分

一个新的团队。而从你正式入职，到你正式融入团队，可能中间相隔了好几个月。在这个过程中，你很可能由于没有办法全力开展工作，而失去了继续学习和进步的机会。不要以为新人入职头几个月干活少却照拿工资是在占公司便宜，其实你和公司都在吃亏，吃时间的亏。不信你入职半年就离职，下一家 HR 看到你的简历时一定会觉得，你在这家公司"时间太短，所以什么都没学到"。这个成本，也需要考虑在跳槽成本之中。

考虑到所有这些因素后，你应该可以更好地给出一个自己能接受的预期了。

不同行业情况各有不同，我个人觉得都不应该低于30%。因为你现在已经年薪 30 万以上了，一年再多发 10 万对你有什么实质性变化吗？如果家里不是急用钱的话，就我个人经验而言，没什么变化。毕竟，你已经过了那个特别缺钱的时候了。

在互联网行业，我认识的几个比较优秀的程序员，他们都觉得编程是更需要沉下心来认真学习进步的事情，所以轻易不会考虑跳槽。而他们跳槽的时候，预期都是涨幅100% 以上，供参考。

职场30年不如一日

日日尤里卡系列

一点小结

本篇整体上说了些什么呢？

薪水的大幅提升，最关键的因素是机遇。可是机遇只留给有准备的人，当机遇出现后你再努力也已经晚了。所以要先提升自己的能力。而能力是否可以快速提升，主要取决于个人的思维方式。在工作中，最关键的思维方式就是，"我做这件事的目的，到底是什么。"

比如加班，我是为了什么在加班？不应该只是为了领导、为了公司、为了钱，而应该是为了个人的成长和进步，应该是在努力为自己工作。

比如做领导，怎么样才算好领导？不应该只追求懂更多、只追求强势、只追求决策权，而应该为了把事情做对做好，为了让自己的团队切实做出成绩。

比如跳槽，目的到底是什么？不应该只是为了逃避、为了尝鲜、为了别人的考虑，而应有自己明确的目标、完整的职业规划，朝着自己认为合理的方向一步步走，并且阶段性调整，最后找到自己喜欢、擅长还能大把赚钱的工作。

你打工所在的公司，显然不是你开的，因此公司关心的项目，也并不是你的事业。但事实上，如果你想把工作当成自己的事业来做，为后续真正开创自己的事业积累经验的话，也没有其他人能拦着你。因为在拼命追求进步和成长的道路上，唯一的敌人就是你自己。

职场30年不如一日

如何从年薪 30 万到 100 万
——定位篇

　　看完《基础篇》，说不定你会有这样的感受：很好，我已经从思维层面上大概明白了自己作为职场新手或老手，和真正的高手差距在哪里了。但仅仅是思维上的转变，并不足以帮助我实现年薪百万呀？讲完了思维层面上相对"务虚"的观念改变之后，能不能给一些更"务实"的操作建议呢？

　　这一篇，我们会在《基础篇》的基础上，继续深挖一步，更像攻略。你如果在思维层面上，已经完成了向高手看齐的转化，那么接下来，如何一步一步真正找到属于自己的百万年薪？如何基于思维工具来帮助自己在合适的时间、合适的空间，以合适的角色出现，从而赚到钱，赚大钱？这里出现了三个"合适"，这一篇也将一共包含以下三个部分：

　　1. 时间定位，如何寻找合适的时间？

　　2. 空间定位，如何寻找合适的空间？

　　3. 自我定位，如何寻找合适的角色？

就像是 GPS 地图导航一样，通过不停地给出定位，来帮助你找到属于自己的百万宝藏。

人生如戏

没错，找到百万年薪的过程，就是在寻宝，就像打游戏一样。其实我觉得"人生如戏"的戏不应该是戏剧，而应该是游戏。游戏设计师虽然为了趣味性而在游戏中修改了很多设定，但大部分真正有趣的游戏，其内核仍然沿用了现实世界的规律。或许你会觉得工作很枯燥很痛苦，相信我，不是只有你一个人这样想，我也曾这样觉得。但后来，我完全可以把工作甚至把整个生活，看成一场全球联网实时在线不封号不删档的大型真人角色扮演类游戏，不仅会轻松很多，还有助于我们看清世界的本质。

所以我会在那些看似鸡汤的道理后面，频繁地用现实案例和游戏故事来举例，希望能帮助你更好地理解。正如你不可能拿到一份游戏攻略就自动打通全关、不可能找到一本武功秘籍就自动成为武林高手一样，即使你看到了通向百万年薪的正确道路，路也仍然需要你自己去走，具体问题仍然需要你自己去具体分析。换句话说，假如有一篇文章能让你看完了就自动变成年薪百万的话，那这篇文章你觉得是不是应该卖 100 万才合适呢？

职场30年不如一日

时间定位

如果这事发生在你身上，你还笑得出来吗

2017 年的大年初一去看了当时新上映的电影《乘风破浪》，不说价值观不说剧情，只说里面几个非常有趣的桥段：

生活在 20 世纪七八十年代的男主角，觉得电影院放映技术太差了经常卡带，所以认定了未来是录像厅的天下，把全部家当都投资开了录像厅。然后男主角又觉得大哥大这种东西根本不实用，未来一定所有人都在用 BP 机，于是攒钱屯了整整一箱的 BP 机，希望将来可以卖掉赚大钱。最后男主角又非常高贵冷艳地拒绝了别人拉他一起做房地产的建议，嘲笑对方说"将来十几年后，在大城市有几套房子有什么意义？毫无价值！"男主角非常真诚地说这些话时，电影院里笑得前仰后合。不知道你听了我的描述能不能笑得出来，反正我仔细琢磨了一下之后，有点笑不出声了。

其实男主角的思路就和我们绝大多数人一样，是穷人的思路。这也是穷人为什么一直很穷的根本原因：对于经济的运行规律、对于价值的波动和判断，毫无概念。辛辛苦苦耗尽了一生，还是原地打转。在工作上其实也完全一样。很多人误以为，只要自己好好学习天天向上，毕业之后找一份别人眼里的好工作，踏踏实实上班，勤勤恳恳付出，就能过上好的生活。可事实不是这样，从来都不是。

一说起工作，我们首先想到的是职位、部门、团队、公司、行业，而对于国家的宏观调控和科技的发展趋势，似乎并不关心，而且觉得好像离我们很远。其实国家也是由一个个个体组成，科技也会无孔不入地渗透在我们的日常生活中。不仅要知道"一人得道，鸡犬升天"，更要知道"城门失火，殃及池鱼"。马克思说，"万事万物是普遍联系的"，真的是一句大实话。所以，在通往百万年薪的路上，我们首先要明白一点：你所在的那个具体岗位，以及背后的部门、团队、公司、行业，正处在宏观层面、世界经济中的哪个时间赛道上。

- 是如日中天的"现金牛"，躺着就能赚钱吗？
- 是代表了未来先进生产力的发展方向，坐等浪潮来了就能到浪潮之巅吗？
- 是上一辈人眼中的靠谱铁饭碗，但其实是蹦跶不了几天的秋后蚂蚱？

希望那些回过头去看显得一目了然的荒唐笑话，能帮助你对于了解未来趋势的重要性有所感悟。

"这个世界是不会变的！"上帝说

上帝当然没说过电影《牯岭街少年杀人事件》里的这句台词，但《圣经》传道书第一章第九节里说，"先有之事，后必再有，先行之事，后必再行，日光之下，并无新事"。这个世界或许表面上看起来，一直在变，但人类社会背后

职场30年不如一日

所遵循的规律，却一直没有变过。所谓"天下熙熙，皆为利来，天下攘攘，皆为利往"，谁能满足人们的需求，创造出价值，谁就能够收获利益，就能赚到钱。

- 最早在农业社会时，物质匮乏，我们最关心的是"肚子"，能吃饱就行。

- 后来进入工业社会，有了各种机器来代替人类从事体力劳动，我们最关心的变成了"身子"，通过机械化大生产来提高劳动效率是第一位的。

- 现在到了信息时代，我们面对的不是信息不足，而是信息严重过量。如何从海量的信息中找到真正有价值的内容为己所用和改善自己的处境，成了每个人的核心竞争力。我们作为万物之灵，终于从"肚子""身子"开始关心"脑子"了。

只要稍微动一下脑子，就能明白内地的经济发展趋势大致如何。欧美已经走过这个阶段了，完全可以去参考。中国人均 GDP 在 2011 年超过了 5000 美元，而美国则是在 1969 年达到的。对照当时美国人消费重心的变化，不难理解为什么互联网医疗、互联网教育、互联网旅游等领域会成为前几年互联网创业的热门。美国 1969 年没有互联网，可是互联网也并不是一个行业，它是一个基础设施，也是一种思维方式。人民生活水平提高之后，收入有了结余，自然就会开始关心上一辈人健康、关心下一代人教育、关心自己要不要去看看外面的世界。而随着"互联网+"的推进，网络最终会彻底改变以前我们所熟知的每一个行业。

写《浪潮之巅》的吴军老师说过一个观点：这个世界上有些东西一旦被发明出现，整个世界就再也无法回到发明它之前的状态中去了。不同地区的人类文明各自独立发明了"轮子"用来提高运输效率，就是一件极其伟大的事情。而现在的互联网，把整个世界又往前推进了一步。在这个新的"轮子"面前，如果你不了解它，不跳到它上面踩着轮子快速前进，你就会被轮子无情地碾过。

这些东西跟我有什么关系

看了前面一段，你可能会想：我是来看怎么样赚到百万年薪的，不是听你忽悠互联网多牛逼的。你说了半天，这些东西跟我有什么关系啊？小米创始人雷军当年说过一句话，"只要站在风口上，猪都能被吹得飞起来。"这就是最好的赚钱方式，尽量让自己站在风口上。举几个简单的例子：

例一，互联网首先是一种信息传播媒介，所以它首先改变的就是大众传媒行业。如果你仍然在一家并没有很好地利用互联网优势的传统媒体工作，那么你肯定不可能飞起来，说不定很快就会被滚过的互联网轮子碾死。而新出现的那些很多月入十万甚至百万的自媒体，相信你可能每天都会在微信看他们的公众号文章。

例二，互联网带来的实时通讯工具，并不仅仅是让你

跟人闲聊变得更方便，还颠覆了传统教育行业。国外的 Coursera 和 "可汗学院" 或许离我们稍微远一点，但前不久内地的一位中学教师通过在互联网直播平台上向全国中学生网民实时讲了一堂数学课，就赚到了几十万人民币。他的讲课内容和平时差不多，向每个来听讲的网上学生收费 9 块钱也不贵，但 1 小时却赚到了相当于他好几年正式工作的合法收入。如果你也是老师，不知道会有什么感受。很多老学究还在一本正经地讨论 "互联网授课" 这种有百利而无一害的事情到底是否合法，历史的车轮很快就会碾过他们的生活。

例三，就连你每天都要打开看看的马云爸爸，也在全力推进 "淘宝下乡" 的项目，希望能够在城镇化程度相对较低的社会主义新农村里，重现当初淘宝席卷全国一、二、三线城市的风采。而阿里巴巴还在做另外一件事，就是基于大数据的人工智能和云计算。这一篇不是来普及互联网知识的，但如果你还不知道这些概念到底是什么意思，或许真的就有点危险了。

李开复认为未来会有 50% 以上的工作会被更高效的人工智能取代，到时大部分只有初级劳动技能的人，连被资本家剥削的资格都没有了。越是简单重复的或者标准化程度高可预测的行业，越容易被人工智能所取代。比如理财经理或购车顾问，这种纯粹靠信息不对称来获利的中间商角色，可能优势会越来越不明显。比如医生或律师，这种需要基于大量基础信息去做关键决策的职业，可能就会在人工智能普及后如虎添翼。比如作家或者主持人，这种非常需要人类创意的工作，由于其生产的产品非常不规则不标准化，就很难被人工智能所取代。

对你来说，具体要进入哪个领域哪个行业，并没有标准答案，但有一条肯定不会错的标准就是：不要让自己贸然进入一个不会被未来选中的行业。怎么才能知道哪个行业会被未来选中呢？

- 参考已经走过这个阶段的发达国家，以史为鉴。
- 在国内欠发达地区，将会重复发生那些一线城市已经发生过的事情。
- 收集前沿信息，判断未来趋势，并不停地调整。

空间定位

到底什么叫"懂行"，为什么要"懂行"

完成了时间定位，我们再来看空间定位。既然你已经找到了一个或多个备选行业，说明在你看来，要么这些行业是未来的趋势所在，要么虽然是传统行业，但在未来被互联网彻底改变时，你能借助互联网的力量而搭上快速发展的顺风车。

日日尤里卡系列

总之，你选了一个或多个代表了"合适时间"的领域作为备选，开始准备投入自己的精力。这时你要做的下一件事，就是明确自己所处的这个岗位，在整个行业链条上是一个什么样的位置，也就是空间定位。

商学院或者 MBA 的课程里都会讲关于"波特的五力模型"，用来分析一家公司在市场上所处的位置，我们也借用这个说法：在公司外部，对于整个公司来说需要关注五个环节，分别是业务链的上游、下游、竞争者、替代者和潜在对手。所谓的"懂行"，就是不仅知道你所在的公司到底处在业务链的哪个环节，还要知道每个环节的价值分配是如何进行的。

举个例子，比如我之前曾说过，12306 的验证码虽然被无数人吐槽有多么垃圾，但其实在业务链的角度来看，是一个非常好的设计。因为从整个链条来说，火车票购票软件是否好用，根本不重要。首先，上游是铁道部，垄断全国铁路车票发行，12306 的网站和 App 根本不担心没人用。其次，上下游之间核心冲突在于供需矛盾，人实在太多，春运期间必然会有一大部分用户是不可能买到火车票的，那么用户体验做得再流畅，验证码弄得再容易识别，又有什么价值？刚好相反，如果把验证码搞得乱一些，多浪费一些用户的时间，还能减小购票服务器的压力，同时让用户把火气撒在验证码和 12306 网站或 App 上，铁道部的舆论压力马上就小多了。春运问题一直是无法解决的，以前有黄牛背黑锅，现在购票实名制后黄牛少了，只好让12306的验证码继续背锅了。如果有人试图优化这个验证码，那就是"不懂行"了，还破坏了社会的稳定团结。

在公司内部也一样。作为一个普通员工，你的业务上下游分别是谁，有哪些部门和你存在资源上的竞争关系，又有哪个部门或者员工可能可以直接替代你的角色，相当于是你的竞争者。

再举一个真实的例子。曾经有人在微博找我私信挂号，咨询一个工作上的问题，是领导安排他做一件必须要由另外的部门配合才能完成的工作，而另外那个部门却一直不愿意配合，让他十分焦虑，问我怎么办。大概了解情况后，我发现这个任务就不可能完成。首先，对方是销售部门，而他想做的是一个在线销售客服平台，如果对方配合了他，那他的平台做完之后，对方部门就不需要存在了，那对方怎么可能配合呢？这事就不该"自下而上"推动。其次，要想"自上而下"推动，他的领导又无法说服更高级别的老大做出销售部门裁员的决定，原因在于更高级别的老大自己也是销售人员出身，下不了狠心处理自己当年的部下。于是这件事根本就不可能完成，而领导也心知肚明。但领导又不能无所作为，所以才派他去象征性地推动

一下，表明自己的立场而已。如果你有了这样的理解，明白了整条链条上的利益是如何分配的，自然也就明白自己有限的精力应该往哪里去投入。在这种领导装样子的事情上，你也跟着装装样子就得了，不要浪费自己太多时间去做一些不可能有结果的事情。

为什么有的人活该赚钱多

其实这里可以用几千字来讲解经济学上的供需曲线变化，但实际上一句话就可以说清楚了——物以稀为贵。

为了避免说太多听不懂的术语，举一个我的真实例子。我之前的工作是互联网产品经理，具体来说是商业产品经理，主要的工作就是帮公司实现商业变现。说得通俗一点，互联网公司一般只做两件事：一是想办法吸引用户，这也就是用户产品经理会做的事，像美图秀秀设计各种滤镜效果，吸引小仙女们使用一样。二是想办法把吸引来的用户变成钱，这就是商业产品经理做的事，比如美图秀秀里的广告、付费的高级滤镜、充值的会员体系、基于用户行为的商业分析，等等。

前一种用户产品经理，非常多，他们需要平衡的主要是用户和公司的利益，并不容易。而后一种人，也就是像我一样的商业产品经理就很少了，需要平衡的是用户、公司、商业客户三方的利益，就更加困难。于是，由于后一种人在人力市场上相对稀少，而对于一个商业公司来说又

张薪微积分

不可或缺甚至非常重要，所以商业产品经理的工资在整体上，就要比用户产品经理高，甚至可能高很多倍。

　　除了市场供给的稀缺导致价格高，还可能有一种情况，就是市场需求很强烈但实际岗位需要的人太少了，而这些人的岗位又"离钱太近"了。

　　还是举生活中的真实例子。我有一个朋友，原本是在花旗银行做中层管理，说实话工资也不少，可他还是不满意，后来开始四处跳槽。几经辗转之后，终于进入一家人员规模不大但资金规模不小的私募，说白了就是帮特别有钱的人理财。经济情况好的时候，他们公司十多个人一年可以分掉高达上千万甚至上亿人民币的理财分红。而经济情况不好的时候，他们平均每人也照样能拿到至少七位数的理财佣金或者叫资金管理费。他们的角色在整个链条上很重要，但岗位数量非常稀少，而且离钱太近了，直接做的就是钱生钱的事情，想不赚钱很难。

　　而最让我受触动的，是他们公司的一个前台小姑娘。这个小姑娘，和其他大公司的前台小姑娘并没有什么区别，学历不算高，长得很乖巧，完全不懂公司业务，平时主要负责端茶倒水。可他们公司的前台，月薪一直是 20000 元人民币起。不为别的，就因为前台每天接待各种有钱客户，所以签了保密协议，绝不能向其他人透露具体客户的信息，而这 20000 块钱每个月，就算是封口费。同样是前

职场 尤里卡

职场30年不如一日

日日尤里卡系列

台，坐在不同的公司台子后面，身价就完全不一样了。

你不关心金字塔，金字塔也不会关心你

你如果以为我在鼓励你靠关系找到一份这样的前台工作，那就大错特错了。

这个前台小姑娘的例子，我是当成反面教材来说的。任何一个行业、任何一种岗位，都会有极端情况的存在。这位前台小姑娘，显然就处在一种极度稀缺、不太容易复制的位置上。如果你立志做这样的事，成功的概率就太低了。而即便成功，似乎收益也并没有想象得那么巨大，月薪 2 万的话，只看年薪依然不到 30 万。

"空间定位"的第一条，是想告诉你，了解你自己所处行业的整体链条，及链条上各环节的利益分配是非常重要的，是空间定位的大前提。

"空间定位"的第二条，是想告诉你，不管什么行业、哪个环节，具体某个角色的价值高低，都永远取决于该角色的重要性、稀缺性。

"空间定位"的第三条，也就是这条，是想告诉你，不要只在意第一条中所说的某个环节的整体利益多不多，要更关注每个环节里所有参与者，即每个人真实得到的利益多不多。换句话说，不要只关注总数，也不要只关注平均数，多关注一下"众数"和"中位数"。这也就是要关注"金字塔"的具体情况：同样是一堆石头堆出来的，是堆成

了埃及金字塔那种，只有极少数人在顶端享用绝大多数的利益、其他人都苦逼兮兮地趴在底部，还是像墨西哥金字塔那样，虽然底部也有不少人趴着，可毕竟顶部也是一个小平台，也有不少人都获得了相当可观的回报。

曾经看过国外的一个智力问答节目，有一题让选手猜测下面各个职业中，哪个职业的最高工资最多，选项有医生、律师、银行家、瑜伽师、救生员、雇佣军等。最后很出乎我的意料，正确答案是瑜伽大师。因为全球顶级的瑜伽大师一小时的授课收入就要超过六位数，并且还是美元。但对我们大部分普通人而言，真正有意义的并不是去看金字塔顶端的极端值，而是要了解大部分人的实际情况。如果你是为了获得年薪百万而工作的话，恐怕你选择去当医生、律师、银行家之类的，都比选择瑜伽师靠谱。大部分普通瑜伽师可能一辈子也赚不到 100 万人民币，而身价百万的医生、律师、银行家实在太多了。

继续拿我来举活生生的例子。当初研究生毕业时，拿到的众多 offer 中，可以分成两个大的方向：一种是"去互联网行业做产品经理"类型，一种是"去中国移动当对公企业的大客户经理"类型。而我是怎么选的呢？除了兴趣所在之外，根据我的个人情况，进互联网做产品经理想要赚到年薪百万，确实比在中国移动当客户经理赚到的概率大得多。

职场30年不如一日

为什么你的努力毫无意义

有很多人反馈时也会问道，"我觉得自己思维方式也没什么问题，你说的关于加班、领导、跳槽我也都做到了，而且在工作中也非常认真努力，可是我的工资别说年薪百万了，好多年了都没有涨到 30 万，为什么呢？"如果你看到这里还没明白为什么，那前面的内容可能需要重新再读一读了。

时间定位，找到人类社会未来真正重视的需求和价值，找到真正会在未来创造巨大利益的行业，然后再投入自己的时间和精力。

空间定位，在这个行业或领域里，了解整个业务链条上各环节的价值，以及背后的利益分配情况，再了解具体每个环节里不同个体的利益分配差异，找出不仅整体有钱而且大部分人也都能有钱的岗位，然后再投入自己的时间和精力。

只有做到了这两点，你才算是出现在了"合适的时间"和"合适的空间"上，这时你再努力变成"合适的角色"，才能实现价值的创造和利益的收割。

在乔治·奥威尔最出色的作品之一《动物农场》里，有一只叫 Box 的马非常忠厚勤奋，不管是顺境还是逆境、不管是表扬还是受罚，它的回应永远都是"我要更努力地工作"。结果它越是努力工作，农场里不同阶级之间的差距

张薪微积分

就越大，它所想要帮助的群体包括它自己就会变得越穷越惨，直到最后它终于把自己活活累死了，尸体还被统治者们拿去剥皮换钱。

这匹马算努力吗？我觉得不是，这应该叫卖力，但用错了地方。说难听一点，如果只要努力就能够赚大钱的话，为什么富士康的一线工人里一个年薪百万的都没有呢？我们千万不要被自己错误的付出而感动，也不要用战术上的勤奋去掩盖自己战略上的懒惰，那不是努力，那只是耐虐罢了。先找到时间定位、空间定位，然后再开始努力，这才是真正的努力。

自我定位

如何正确地出生在"新手村"

如果你已经选好了合适的时间、合适的空间，就差让自己变成那个合适的角色，然后坐等百万年薪了的话，接下来该如何找到自己的定位呢？最前面的引子部分说了，你可以把这个找到自己百万年薪的过程，看成是一个寻宝的游戏，所以下面我会用游戏来举例子说明。

我在微博和微信公众号上的很多关于职场的文章里都提到过，如何找到真正适合自己的工作。简单的说法，就是三步走：兴趣，优势，钱。

职场30年不如一日

首先，明确你的兴趣所在，这是最最核心的一点。很简单，一般来说，你的全职工作会占用你生命中 1/3 甚至更多的时间，如果这件事不是你的兴趣所在甚至你根本就讨厌做这些事，那即使是再多的钱，你也不会开心的。常看电视剧的话，你就应该知道，"呐，做人呢，最重要的就是开心啦。"你的兴趣在哪儿，有一个简单的判别标准。就是虽然你要找的是一份职业，但你应该把它当成自己的事业来看。有什么区别呢？

从动机来看，职业只不过是用来谋生的手段，说白了就是为钱而工作。事业则不全是为了钱，更是为了自我实现，甚至即便没人给你钱，只要你吃穿不愁的时候你也仍然愿意无偿去干。

从结果来看，职业永远就是在打工，你创造的价值，公司拿走大部分，剩下的先交五险一金和各种税，最后给到你手里。而事业则是为自己在干活，哪怕最初看起来也是打工，但内心是想要实现自己的梦想，甚至有一天，自己创造价值全部归自己所有。比如我现在做自媒体写作，就是当成事业而不是职业。以前即便是没人给我钱让我写东西时，我也会忍不住天天胡说八道乱写东西。这是一种基于本能的表达冲动。

练级过程中如何快速升级

明确了你的兴趣所在之后，就要开始找到并积累自己的优势。比如打游戏，我的兴趣是做一名法师，那么接下来练级时，就应该研究如何分配我的属性点、学习什么法术技能、穿戴什么魔法装备，这样才方便我在游戏世界里更快升级。

但事实上，在游戏世界里，踏踏实实一级一级往上升是一种虽然稳妥但效率极低的笨办法。如果你也经常玩游戏就应该知道，几乎所有游戏里都会有一些练级的捷径，让你付出相同的时间和精力，收获却更大更可观。在现实世界里，同样有类似的捷径，那就是"换赛道"。

我第一次看到这种说法，是《出奇制胜：在快速变化的世界如何加速成功》这本书里，印象特别深刻。作者举了一个非常浅显的例子：美国的历任总统，虽然是国家的行政机构最高长官，但大部分人都不是从行政系统里一级一级升上去的，而是直接在另外的领域里做到了不错的水平，直接换赛道从政，变成了美国总统。现在就有一个活生生的例子，美国现任总统特朗普。他原本是个成功的商人、著名的投资家，跟政治领域几乎不沾边。可他借用自己在金融领域的影响力，成功换了赛道，一跃而上成为美国总统。

中国也有这样的例子，"老罗"罗永浩。用他自己的话说，他原本是一个高中就辍学在家不学无术的愤青，后来发狠劲背 GRE 单词进入了新东方，在那个没什么人能一

职场尤里卡

职场30年不如一日

口气背完整部英汉词典的时代，老罗一下就成了英语教师这个赛道里的顶尖选手。接下来他利用自己在教育圈和留学生群体中的影响力，创办牛博网，又成了互联网新媒体里首屈一指的佼佼者。然后他又转行去做智能手机，虽然"锤子"手机一开始走得并不那么顺风顺水，可是你不妨回头去看，如果老罗没有在多个赛道里开快车积累这么大的个人影响力，那么就凭当年那个不学无术的辍学愤青，有可能获得这么多投资让他去折腾智能手机吗？

　　所以说"换赛道"非常重要，先在自己能够得着、相对容易积累经验的领域里寻求突破，然后借着这种经验以及领先地位带来的个人影响力，进入其他更吸引你且更有价值的新赛道，完成抄近路的逆袭。

　　用了游戏、用了真实人物分别举例子，再用我自己举一个同样逻辑的例子。我最初是学心理学的，一路从本科学到研究生毕业，在中国科学院这种算是顶级的学术机构拿到了正规的学历和文凭，接下来该怎么办？如果搞学术研究的话，一来太枯燥了我未必喜欢，二来我实在太穷了，而搞学术来钱太慢，再加上学术领域里已经牛人济济竞争太激烈，估计我一头扎进去拼个五年十年，都未必有什么反响，所以我进行了第一次"换赛道"，进入了互联网。

　　进入互联网之后，心理学专业的一般都在做产品经理，那我到底是选用户产品经理还是商业产品经理呢？带我入门的领导当时用一句话就把我说服了。他说"商业产品经理人比较少，而且直接负责给公司赚钱，所以来钱也快，实际上这种工作要平衡用户、客户、公司三方的利益，也更有挑战性。你学的是经济决策相关的心理学分支，正好合适"。于是我就在当时人烟还相对稀少的商业产品经理赛道上，获得了不小的先发优势。

接下来，随着我的工资快速增长，我也越来越珍惜自己的时间，同时越来越厌恶上班。然后我学到了一个叫"ABZ 计划"的概念，非常棒。这个概念说的是，我们每个人都应该有一个 planA，是我们目前能选择的最好选项，能养活自己、整体相对稳定。但我们心里一定还有一个 planB，就是内心深处更喜欢去做，但暂时没有条件或能力去做的事。我们不敢或者不能贸然跳槽换行，但我们可以在完成 A 计划的过程中，挤出很多时间来去培养自己在 B 计划中的经验和能力，直到有一天，B 计划带来的收入也能养活自己甚至超过 A 计划了，我们就从 planA 果断切换到 planB，类似于"换赛道"的思路。而所有人都应该还有一个 planZ，作为保底备选计划，就是如果情况发生非常大的意外，A 和 B 计划都行不通了，我们仍然具备基本的生存技能，不至于被活活饿死。

按照这个"ABZ 计划"的思路，结合"换赛道"的逻辑，我开始慢慢地边工作边积累自己的自媒体经验。先是

在微信公众号上频繁更新文章，看看受众反馈，估算一下赞赏收入是否够自己吃泡面活下去。然后又在微博付费阅读的小伙伴主动联系我之后，试着去设计自己在微博上的 ID 定位以及发展路线。最后又正好赶上了知识付费在中国互联网上的一波浪潮，在果壳网的"分答"产品上线时，作为第一批核心答主，狠狠地赚了不少的泡面钱。这时，我发现自己从商业产品经理这个 planA 切换到互联网自媒体这个 planB 的时机成熟了，于是我切换了赛道。

与此同时，我也一直坚持健身，万一哪天经济崩溃了，我靠搬砖卖苦力也能坚持活下去，这就是我的 planZ。

如何让自己的时间更值钱

你出生在了一个自己觉得不错的"新手村"，关于如何打怪练级提升实力也有了一些自己的想法，接下来你就要真的开始踏上征途，面对残酷的游戏世界了。

这时你会发现，其实你在游戏里和在现实中差不多，除了一些新手基本道具之外，拥有的最大资源就是世界上最硬的硬通货——时间。哪怕你对于"换赛道"这种捷径非常熟悉，你也仍然需要在某个赛道中投入一定的时间以积累优势和个人影响力。而不管你用什么方式，你都是在用自己的时间去交换别的资源，而且这是一个不可逆的过程。因为时间一旦过去，就不会再回来了。你能做的，就是在每一份时间被使用的时候，尽量让它做到物尽其用。

还是用游戏举例。我年轻的时候玩过一款叫《梦幻西游》的游戏，是网易出品的。我为什么玩这个游戏呢？在时间定位上，当时很多人还在玩单机游戏或者局域网联机游戏，可是想找到和自己志同道合的人一起玩实在太难了，就像打麻将总是三缺一，郁闷。而网络游戏永远都有无数人在线，显然是未来的趋势，所以玩网游是一个更有趣的选择。在空间定位上，我一直对西游主题非常感兴趣，而网易又是当时国内最强的游戏公司之一，《梦幻西游》也一度是全球同时在线人数最多的网络游戏。并不在于它画面如何，而是它的游戏世界设定，和现实世界有很多类似之处，所以感觉非常丰富真实。

开始玩了之后呢，我选择了龙宫太子的角色，这是基于我的个人兴趣：一方面龙太子风流倜傥的形象和我的真实长相比较相符（嗯，你们忍耐一下不要戳穿我）。另一方面，龙宫人物有一次性攻击七八个目标的魔法技能，非常符合我在现实生活中以一敌百的真实实力（嗯，你们继续忍耐，谢谢配合）。接下来，我穿了一套装备加好属性点就开始去新手村练级了。这时我面临一个很有趣的问题：我是要优先学习同时攻击多个目标但每个目标伤害较低的群体法术呢，还是优先学习一次只能攻击一个目标但伤害较高的单体法术呢？提前收集信息、明确自身目标、充分思考再决策是很重要的思维方式，通过分析之后，虽然我更

职场30年不如一日

喜欢以一敌百,但还是决定优先学习单体法术,原因如下:

第一,《梦幻西游》是一个升级时不仅要花费经验值,还要花费游戏币的游戏,这就意味着光练级不行,在游戏里赚钱也非常重要。而通过做各种任务赚钱,其实是在赚系统的钱,游戏设计者为了防止通货过度膨胀,也为了多消耗玩家们的时间点卡,设定的回报率是比较低的。所以更好的方式,是向其他玩家赚钱,特别是赚那些没事干就往游戏里充钱的人民币玩家的钱。这就像现实生活中,你如果向国家这个系统赚钱,你就是公务员,那或许风险小很稳定,可是收益也一定不会高到哪里去,比如年薪百万肯定就不用想了,除非灰色收入甚至违法犯罪,显得有点得不偿失。但如果你是在市场经济之中,向市场上的其他人赚钱,就会容易得多,只要你的方法对,财富积累也要快得多。回到游戏里,哪个技能更容易赚钱,就应该先练习哪个技能,这样投入到技能练习中的时间,就会产出更大的价值。

第二,《梦幻西游》里赚钱方式非常非常多,常见的是这两种:一种是你可以带队帮新人们练级,使用群体法术一下把小怪都打死,让新人快速升级,同时新人给你支付练级酬劳。另一种是所有玩家都必须要完成某些剧情任务,才能够解锁更高级别,从而继续向上体验更多乐趣。所以你也可以带队帮级别低的玩家打 Boss,同时低级别玩家向你支付过关酬劳。在这个逻辑下，很明显意味着，如果学习群体法术，带队帮别人练级换钱的话，受众群体一定是有限的，因为毕竟不是所有人都一定要通过打怪来练级。而且龙宫太子的群体法术效果太帅了，学习这个法术的人一定也很多。供给增加，需求减少，出卖劳动力的我就很难从中赚到什么超额利润。但如果我学习单体法术，不仅因为这个法术不那么帅，也看起来似乎不那么实用，所以学的人肯定少，而且因为完成过剧情任务时往往需要打死一个非常强的单体 Boss，那么单体法术就必不可少，所以很可能会供不应求，我就能赚到更多的钱。

后来在游戏中，果然出现了这样的趋势：一个拥有高级单体法术的龙宫太子，在整个游戏服务器里变得非常稀缺。

不过后来为了平衡，游戏开发者进行了一些修改，使得这种局面被打破了，我赚到的"超额利润"也没有持续太久。这也说明了，在时刻变化的市场中，提前预测并抓住时间窗口是一件非常重要的事情。

所以在《梦幻西游》里，或者在现实世界里，你都应该遵循《精要主义》这本书中提到的核心观点："当下最重要的事情，就是要弄明白当下什么事情最重要，然后去做。"如何判断一件事情是否重要，也有一个非常简单的标准：当一件事情在我们心里不是 100% 的 YES 时，它就应当自动变成一个 100% 的 NO。或者说，只要一件事情不是

职场
尤里卡

职场30年不如一日

当前必须要去做的，那就别做。你的时间是非常有限的，投入时间去换取产出时，一定要优先去做那些真正有价值、能实现你目标的事情。

所谓的时间管理，其实根本不需要管理时间。先做最重要的事情，其他的直接全部放在待办事项里就好。最重要的事情完成了，再重新在剩下的事情中找最重要的，重复这一过程。

一点小结

这半天我们都说了些啥

本篇文章读完之后，我们的目标是在《基础篇》中完成了心态上从新手、老手向高手的转换之后，努力学习《定位篇》中的思维工具，帮助自己在合适的时间、合适的空间，以合适的角色出现，从而赚到钱，赚大钱。

为了实现这个目标，我们需要关注合适的时间、合适的空间、合适的角色，从而做好时间定位、空间定位、自我定位。

第一部分时间定位，是通过古今中外经济价值规律的对比，找到在当前时代里，真正被未来选中的那些行业和领域，让自己投身在这些方向上，而不是错误地走向夕阳产业，走向自我淘汰。

第二部分空间定位，是通过分析某个目标行业的整体业务链，充分看清在上游、下游、竞争者等各个环节里，利益是如何从链条分配到环节，又如何从一个环节分配到环节中各个具体的角色的，让自己处在那些有价值的环节中、有价值的角色上，而不是选择了业务链中的边缘定位，走向自我放逐。

第三部分自我定位，是通过反省自身的特点和欲望，精准找出满足自己兴趣所在、能够体现自身优势、可以赚钱养活自己的具体岗位，然后带着正确的心态、规划和技巧，开始投入时间精力，短期上变现价值，中期上积累优势，长期上培养兴趣，而不是疲于奔命毫无章法得过且过，走向自我消耗。

最后，希望你能基于下面这个框架的梳理，完成以下几件事：

1. 回忆我们在各部分讲到的具体逻辑和做法，借鉴案例加深理解。

2. 把自己过去的经验，特别是那些错误的教训，套入到相应的逻辑中，明白自己要如何改善。

3. 在完成上面两步之后，接下来你准备怎么做，该是认真思考的时候了。

正如你不可能拿到一份游戏攻略就能自动打通全关，不可能找到一本武功秘籍就能自动成为武林高手一样，即

职场 尤里卡

职场30年不如一日

使你明白了通往年薪百万的正确道路，自己的路仍然需要自己去走，具体问题仍然需要自己具体去分析。加油！

为什么赚到 100 万很重要？赚到了之后呢

这似乎是一个不需要回答的问题。但事实上，我希望你能够真诚地为自己来回答这个问题。因为只有你内心的真实想法，才是重要的。

人是非常聪明的动物，而只有聪明的动物才能学会"欺骗"的技巧，而人类也因此成为了自然界中为数不多的可以"自欺欺人"的物种。我们很有可能陷入一个自我安慰的泥潭：由于自己吃不到葡萄，便告诉自己赚不赚得到 100 万不重要。我们当然可以在遇到挫折时安慰和鼓励自己说，其实现在没赚到 100 万也没关系，生活仍然可以努力向前，以后还有机会，这是没问题的。但我们更要告诉自己，能够赚到 100 万，是生活中非常重要的事情。

其实不需要真的赚到 100 万，只要你开始朝着它去努力，你的生活就会发生变化。就好像健身，你不需要等到有了一身腹肌，对，我喜欢说一身的腹肌这个词，感觉画面特别美。你不需要有一身的腹肌，你只需要开始健身，开始期待美好的肉体，你的生活就已经发生变化了。而当你的身体随着运动一点点变好之后，你会惊讶地发现，生活在你眼中也开始慢慢变化，变得越来越好。

为了物质而努力，在中国的传统文化中似乎并不是一件被推崇的事情。但怎么说呢，就像阿西莫夫的代表作品《基地》里的人物，行商领袖之一塞佛·哈定说的，"不要让道德观阻止你去做正确的事。"

不论是为了改善自己的生活，还是为了孝敬父母，还是为了对抗未来不可预知的风险，拥有一些物质资产，都是非常必要的。很多时候，穷，并不是说真的没钱，而是一种对未来风险无法承受的恐慌，是一种对之后生活恶化不愿面对的抗拒，是按部就班的美好预期被现实突然击碎的惊醒。

我不想让语气显得有些好高骛远，或者自以为是，但确实是这样的。赚到第一个 100 万，只不过是一个开始，后面的路还很长很远。而事实上，在走向赚到第一个 100 万的路上，你一定就会开始同步思考了。因为你了解到了物质的好处，你想要更多。你知道了物质的必要性，你害怕一夜返贫。最最关键的是，不管你从事的是什么职业，绝大多数情况下，当你靠着一份全职工作得到了不管是税前还是税后的 100 万年薪后，你会发现自己在职场这条路上，已经没什么太大的提升空间了。接下来的选择，到底是要一直这样坚持工作下去，用日复一日的时间攒到自己觉得足够用的钱呢，还是再放手一搏，冒着失去更多的风险"换赛道"，进入下一个新的、更激烈的赛道，赛道的尽头，写着"财务自由"。

最后，希望你能有勇气去改变那些可以改变的，能平

职场 尤里卡

职场30年不如一日

静地接受那些不可改变的，并且拥有区分这两者的智慧。这一定不会是上帝赐予你的，而是自己努力争取来的。

　　望来日以富贵相见！

　　可能你身边会有一些人，他们运气就是好，根本没想什么时间定位、空间定位、自我定位，人家也成功了。从概率论的角度来说，大样本下小概率事件的发生是必然的，也就是说只要林子够大什么鸟都会出现。既然我们无法控制自己变成最幸运的那只鸟，那我们起码可以让自己在努力先飞的同时变得更聪明一些。千万不要明明是自己误解了世界，还要怪世界欺骗了你。

后记

我出了一本书，我觉得很开心

　　这是一篇后记和回顾。我刚刚开始写微信公种号（没有错别字，种太阳的种）的时候，有人留言说：哇，你的文章编号用了3位数，第一篇是001而不是01，好大的野心呀。

　　是呀，现在我已经在公种号上写了100多篇文章了，同时在微博的付费订阅上也写了将近200篇文章，还开通了"分答"的付费社区"职场理性派"，一周2篇定期发布职场相关的内容。持续的内容输出对我来说，似乎确实不是一种压力，更像是一种享乐。

　　从上学到读研，从新人到年薪百万，从辞职到他乡创业，从休假到做自媒体，外部的无数标签似乎都在尝试定义一个人。但我觉得，是这个人，自己选择了如何被定义。我们所做的一系列选择，最终定义了我们是谁。而长期以来，我的德性都没有变过：努力做好自己，不讨好任何人。我相信，放弃原则当然可以得到很多东西，我也不觉得放弃原则的人有什么问题。但对我而言，很多东西我希

职场30年不如一日

望不需要放弃原则也能够得到。而在我看来，还有一些东西，即便永远无法得到，也不值得放弃原则去争取。

回顾自己走过的不算太长的路，感觉基本算是做到了。

所谓道德

我一直觉得道德是个只能用来"律己"的东西，而"律他"的事，有法律来管。对于别人的道德评价，我觉得最严厉的程度，应该止于"如果是我，我绝对不会允许自己这么做"，或者是"如果我做了这样的事，那我觉得自己不如死了算了"。永远是"我可不能也这样"，而不是"你怎么能这样"。

在我的道德观里，金钱和理想，从来就不冲突，也不应该冲突。一个人可以为了金钱而放弃理想，也可以为了理想而放弃金钱。但一个人如果在实现理想的过程中，获得了金钱，似乎更理想。我最讨厌的一种道德绑架，就是将个人利益与社会道德对立起来。比如强调教师要无私，医护是天使，警察要当英雄。是否要当英雄，应该是每一个个体的自主选择，而不是外人的神圣化捧杀，更不应该是喉舌的洗脑式宣传。

而我同时也一直都认为，喜欢一个人，觉得一个人说得有道理，那就给这个人钱。这样的方式，清晰、简单，两不相欠，永绝后患。谈钱，并不会让事情变味儿。恰恰相反，它让原本就应该很单纯的感情，变得真的很简单。

所谓价值

我特别喜欢《士兵突击》里老 A 袁朗说的一段话："那只不过是一个你路过的地方。如果有更好的去处，这里，也不过是一个你路过的地方罢了。"这句话在剧中本来是用来嘲讽成才这个人对组织和团队毫无忠诚可言，是句骂人的话，可我却觉得于我而言，是种赞扬。

人，首先是自我，其次才是别的。忠于任何其他之前，要先忠于自己。若对自己都不忠诚，对其他再忠诚，也不过是一个不忠之人的愚忠甚至伪忠罢了。我常说："自私是一个人最大的美德，承认自己自私是一个人最大的坦诚。"自私其实并没什么光荣的，它只是动物的本能。但人类作为社会性动物，却往往要迫于外界压力而隐藏自私，美化自私。对于动物本能的隐藏，是一种社会本能。动物本能没什么了不起的，但突破社会本能对于动物本能的压抑，重新认识到自己动物本能的合理性，这很了不起。

可这与道德、与价值有什么关系呢？如果一个人，在合乎外界法律和内心道德的前提下，通过自己的努力，创造了某种事物，满足了某种需求，从而获得了物质上的金钱和精神上的享受，那这个人在我看来，就是有价值的。

职场 尤里卡

职场30年不如一日

这，也是我所追寻的价值。

在微博的付费赞赏里，我很早就设置了一句自动回复，所有给我打钱的人都会收到这条信息，我从来没改过：

谢谢你出于喜欢而赞赏我，

如果你持续喜欢可以持续赞赏，

如果你不喜欢了我不会退钱，

我不会因为你赞赏或者不赞赏，

而改变自己以使你喜欢或不喜欢我。

我以前这样，现在这样，以后还会是这样。

所谓生活

生活这个词，如果非要谈，就容易显得假大空。还是引用《士兵突击》里的台词吧，许三多说："好好活，就是做有意义的事。做有意义的事，就是好好活。"

我出了一本书，我觉得很开心。谢谢你一直的支持、鼓励和陪伴，希望因为我的出现，你也开心过。这一路慢慢走来，到了说分手的时候，也不用矫情地假装不舍或难过，人生就是这样，有不同的人陪你看不同的风景。希望我们还有机会在下一本书里相遇，也希望那个时候，你仍然开心、依旧快乐。

2017 年 6 月

图书在版编目(CIP)数据

职场尤里卡 / 科学家种太阳著. —上海：上海教育出版社，
2017.7
ISBN 978-7-5444-7721-5

Ⅰ. ①职... Ⅱ. ①科... Ⅲ. ①职业选择—通俗读物
Ⅳ.①C913.2-49

中国版本图书馆CIP数据核字(2017)第168716号

图书策划 刘　芳　宁彦锋
责任编辑 公雯雯
书籍设计 陆　弦
内文插图 施雅文

职场尤里卡
科学家种太阳　著

出　　版　上海世纪出版股份有限公司
　　　　　上　海　教　育　出　版　社
　　官　网　www.seph.com.cn
　　　　　易文网 www.ewen.co
地　　址　上海市永福路 123 号
邮　　编　200031
发　　行　上海世纪出版股份有限公司发行中心
印　　刷　上海盛通时代印刷有限公司
开　　本　890×1240　1/32　印张 7.75
版　　次　2017 年 7 月第 1 版
印　　次　2017 年 7 月第 1 次印刷
书　　号　ISBN 978-7-5444-7721-5/G·6367
定　　价　45.00 元

(如发现质量问题,读者可向工厂调换)